考古地层学原理

（首次中文引进版）

[百慕大] 爱德华·塞西尔·哈里斯 —— 著
Edward Cecil Harris

李宁利 —— 译

中山大学出版社
·广州·

版权所有　翻印必究

图书在版编目（CIP）数据

考古地层学原理（首次中文引进版）/［百慕大］爱德华·塞西尔·哈里斯（Edward Cecil Harris）著；李宁利译.—广州：中山大学出版社，2020.12

书名原文：Principles of archaeological stratigraphy（SECOND EDITION）

ISBN 978 - 7 - 306 - 07007 - 4

Ⅰ.①考… Ⅱ.①爱… ②李… Ⅲ.①考古学—地层学 Ⅳ.①K85

中国版本图书馆 CIP 数据核字（2020）第 206533 号

KAOGU DICENGXUE YUANLI

| 出 版 人：王天琪 |
| 策划编辑：王延红 |
| 责任编辑：王延红 |
| 封面设计：刘 犇 |
| 责任校对：姜星宇 |
| 责任技编：何雅涛 |
| 出版发行：中山大学出版社 |
| 电　　话：编辑部 020 - 84111946，84113349，84111997，84110779 |
| 　　　　　发行部 020 - 84111998，84111981，84111160 |
| 地　　址：广州市新港西路 135 号 |
| 邮　　编：510275　传　　真：020 - 84036565 |
| 网　　址：http：//www.zsup.com.cn　E-mail：zdcbs@ mail.sysu.edu.cn |
| 印 刷 者：恒美印务（广州）有限公司 |
| 规　　格：787mm×1092mm　1/16　14 印张　238 千字 |
| 版次印次：2020 年 12 月第 1 版　2023 年 4 月第 3 次印刷 |
| 定　　价：68.00 元 |

如发现本书因印装质量影响阅读，请与出版社发行部联系调换

中文版序

我非常高兴地看到由中山大学李宁利博士翻译的《考古地层学原理》的中文版即将在中国出版。考古地层学的规律和原则到处都一样，因为通过发掘来考察考古遗址就是理解地层堆积和地表构造问题。这两个地层学问题在世界范围内是相同的，但它们代表的文化却因地而异。然而，考古学家的主要目标，也是基本目标，就是确定一个遗址的地层序列，这在1973年哈里斯矩阵（Harris Matrix）发明之前是不可能实现的。用哈里斯矩阵表示的图表，使考古学家首次看到了遗址的地层序列。正如本著所述，哈里斯矩阵的方法和原理对于纠正全球任何遗址的考古工作依然是必不可少的。

中国的考古遗存数量巨大且非常珍贵，可以追溯到数千乃至数万年前，是世界上最具活力、最发达的文化代表之一。最重要的是，发现遗存的考古发掘工作要按照专业标准进行。在此，我希望哈里斯矩阵及其相关原则，有助于中国考古学，有益于国家乃至世界考古事业的发展。

爱德华·塞西尔·哈里斯博士
（Dr. Edward Cecil Harris）
百慕大桑迪郡"斯考尔山屋"
（Sandys Parish,"Scaur Hill House"）
2019年5月1日

序　言

我很荣幸能写几句话介绍一下爱德华·哈里斯博士的《考古地层学原理》（简称《原理》）的第二版。第一版及相关论文包含了解决考古地层学诸多问题的精辟又非常实用的实践方法。通过新版《原理》中提供的众多迥异的案例，我们可以断定，"哈里斯矩阵（Harris Matrix）"——这一自1978年以来我一直教授的方法，已经被广泛采用。唯一令人不解的是，为什么大量的研究者，尤其是美国的，依然相信没有它也能行！

在本版中，哈里斯博士明确强调，考古地层学并不是地质地层学的缩略版本。相反，本著阐明的考古地层学原理是经过几十年考古实践而形成的，是崭新而独特的。哈里斯博士指出存在这样一套考古学原理，反对它的地质学家和地理考古学家或许已经陷入学科沙文主义的误区，而没有对相关案例进行深入分析。无论如何，本著明确论证了一种考古地层学的存在。

新版《原理》得益于哈里斯矩阵十几年的应用，是对考古学的杰出贡献。我希望它最终攻克最后的堡垒——在那里，地层学犹如某种神秘的宗教仪式一样，似乎仍然在黑暗中摸索。

无疑，我们对哈里斯博士感激万分，是他发明了以他名字命名的"矩阵"，并且使考古地层学原理系统化。

亚利桑那大学人类学系
迈克尔·希弗
Michael B. Schiffer
1980年2月

致 谢

如果没有百慕大的同事南·戈代（Nan Godet）女士的耐心和协助，这一修订版就无法完成，她为本著的出版做了大量的"幕后"工作。

回首往事，我非常感激那些造就本著第一版学术思想的支持者，这些思想在很多国家和考古学的不同领域已经取得成功。我要感谢最初的支持者：菲利普·巴克（Philip Barker）、杰弗里·丁布尔比（Geoffery Dimbleby）、詹姆士·格拉汉姆－坎贝尔（James Graham-Campbell）、布莱恩·霍伯利（Brian Hobley）、劳伦斯·基恩（Laurence Keen）、弗朗西丝·林奇（Frances Lynch）、菲利普·拉兹（Philip Rahtz）、理查德·里斯（Richard Reece）以及大卫·威尔逊爵士（Sir David Wilson）。

在最近几年，很多同事以他们的工作实例和热情，重新激发我对地层学的兴趣。我要衷心感谢以下同仁的支持：大卫·布莱克（David Black）、大卫·毕比（David Bibby）、马利·布朗三世（Marley Brown Ⅲ）、查尔斯·伦纳德·哈姆（Charles Leonard Ham）、兹比格涅夫·科贝林斯基（Zbigniew Kobylinski）、尼克·皮尔森（Nicky Pearson）、艾德里安和玛丽·普利兹里斯（Adrian and Mary Praetzellis）、迈克尔·希弗（Michael Schiffer）、大卫·西蒙斯（David Simmons）、芭芭拉·斯塔奇（Barbara Stucki）、约翰·瑞格（John Triggs）、琼·拉斯特（Joe Last）、苏珊娜·布劳索斯（Suzanne Plousos）以及布鲁斯·斯图尔特（Bruce Stewart）。

我衷心感谢那些允许我在本著中转载、引用其工作成果的人，如图表说明所示。

前　言

本著的第一版于1979年出版，1987年重印。在诺瓦科学出版社（Nova Scientificia）的赞助下，1983年本著的意大利语版问世，由艾达·伽布奇（Ada Gabucci）翻译，并增加了由丹尼尔·玛纳科尔达（Daniele Manacorda）撰写的导言；1989年本著在波兰出版，由兹比格涅夫·科贝林斯基（Zbigniew Kobylinski）翻译；修订版的西班牙语版也已经批准通过。鉴于本著的成就，新版的推出似乎理所当然，特别是，它是考古学领域专门讨论地层学概念的唯一的教科书。

鉴于是修订版，本著的篇幅经调整后短小精悍，以便于考古学专业的学生掌握。本著的历史部分篇幅有所缩减，但是扩充了最后一章解释哈里斯矩阵方法的内容。本著中一些新材料来自其他考古学家的地层工作，其中大部分还未公开发表。

本著的姊妹篇——《考古地层学实践》由我和威廉斯堡殖民地基金会（Colonial Williamsburg Foundation）考古研究主任马雷·布朗三世（Marley Brown Ⅲ）合编，已经被科学出版社（Academic Press）接受出版。它收录了"哈里斯矩阵系统"在田野工作中的应用实例，将是对本著的补充；它也是不同作者的论文集，其中一些作者还为本著提供了信息，在此我表示衷心的感谢。

爱德华·哈里斯
1989年3月15日

目　　录

导论 ··· 2

第一章　地质学的地层概念 ······································ 6
　斯泰诺和鲨鱼的牙齿 ·· 6
　地层的相互关系 ·· 7
　地质过程 ··· 8
　地质地层学原理 ·· 10

第二章　考古学的地层概念 ······································ 11
　人工"化石" ·· 11
　早期地层学理论 ·· 12
　惠勒－凯尼恩学派 ··· 15
　叠压原理 ··· 17

第三章　考古发掘技术 ·· 18
　发掘方案 ··· 19
　发掘程序 ··· 22

第四章　考古发掘的早期记录方法 ···························· 25

第五章　考古地层学原理 ·· 34
　叠压原理 ··· 35
　原生水平原理 ··· 36
　原生连续原理 ··· 37
　地层演替原理 ··· 38

哈里斯矩阵和地层序列 ……………………………………… 39

第六章　堆积单位 ……………………………………………… 48
　　地层的特征 ………………………………………………… 49
　　地层形成过程 ……………………………………………… 51
　　沉积与地层 ………………………………………………… 54
　　堆积的属性 ………………………………………………… 56

第七章　界面单位 ……………………………………………… 61
　　水平层状界面 ……………………………………………… 61
　　直立层状界面 ……………………………………………… 63
　　水平遗迹界面 ……………………………………………… 66
　　垂直遗迹界面 ……………………………………………… 67
　　时期界面 …………………………………………………… 73
　　打破界面 …………………………………………………… 74

第八章　考古剖面图 …………………………………………… 79
　　剖面图的早期类型 ………………………………………… 79
　　剖面图的目的 ……………………………………………… 82
　　剖面图的类型 ……………………………………………… 82
　　考古剖面图的绘制 ………………………………………… 85

第九章　考古平面图 …………………………………………… 89
　　遗迹总平面图 ……………………………………………… 90
　　复合平面图 ………………………………………………… 92
　　打破界面的平面图 ………………………………………… 97
　　单层平面图 ………………………………………………… 103

第十章　相关性、断代及地层序列 …………………………… 116
　　相关性和分层 ……………………………………………… 116
　　地层断代 …………………………………………………… 119
　　地层序列 …………………………………………………… 122

地层序列的分期……………………………………… 127

第十一章　地层序列和发掘后的分析……………… 137
　　遗存的非历史性方面………………………………… 137
　　颠倒的地层…………………………………………… 139
　　遗物的记录…………………………………………… 140
　　遗物和地层的断代…………………………………… 141
　　"水平地层学"………………………………………… 144
　　人工遗物和地层序列………………………………… 146

第十二章　考古发掘的地层记录纲要……………… 158

考古地层学专业术语………………………………… 179

插图说明及索引……………………………………… 188

参考文献……………………………………………… 194

译后记………………………………………………… 209

……真正的考古活动是这样一种事实的建立,即考古学家在其中找到真正自我,并且意识到自身具有无人能取代的优势。在考古发掘中最常规及特定的情况,就是当考古学家留意到一堆碎石、找到一段残垣断壁……进而确定发掘方案的时刻……就是他分辨遗骸和墓葬间差异的时刻;区别简易的炉膛与局部或大范围的火烧痕迹之间的差异的时刻;就是当他正在完成这项无人能够比他做得更出色,也无人能够重来的工作的时刻……他知道,如果他犯错、看错、曲解了,那么,他的结论将不可避免地被证伪,而且必然会导致在转述者间出现其他错误。

保罗·库尔班
(Paul Courbin)
(1988)

导　论

考古遗址呈层状特性，即一层叠压着一层，这一认识对于通过考古发掘来探究遗址最为重要。本著讨论的是考古地层学原理，就是发掘者在考古遗址研究中所应用的原理——既用于发掘过程中，又用于发掘后的分析。

本著的重点是考古地层的年代学、地形学，以及其重复性的或非历史性①的方面。一般认为，不同遗址考古地层的形成，其物理现象是相同的。因而，"考古地层学原理"这门能够正确解读考古遗址的科学适用于任何地区。

某个考古遗址的地层特征取决于其形成时的历史和文化环境。通过常规的考古学方法以及比照许多其他资料——例如历史或环境研究的数据，使考古地层独特的历史和文化内涵得以阐释。利用来自地层的发现、历史学家和人类学家以及许多过去的学者们所积累的资料，就会自然而然地彰显考古学家所描绘的遗址的意义。考古地层学原理在之后的阐释中只发挥微小的作用，因为它们更适用于考古地层的物理排序，并使考古学家能够确定地层形成的相对年代顺序。

考古地层学原理所涉及的遗址中的地层以人类起源的地层为主。考古遗址由自然或地质地层、考古地层（其中发现人类遗存或人工制品）组成，其阐释受到地质地层学原理的制约。一些考古学家认为，地质地层学原理对于研究含有人类扰动地层的考古遗址绰绰有余。他们主张回归这些原理，并引用本著第一版的观点，称其代表了一场不必要的"分离主义者"运动（Farrand 1984a, b；Collcutt 1987）。这一认识忽视了人类社会对地表塑造的巨大影响；也未能解

---

①非历史性：Non-historical，是指地层堆积的形成过程，相对于"历史性"指的是地层的堆积时间而言。——译者注

释这样一个事实，即当今考古学领域的大多数地层问题，均缘于我们很长时间并未摆脱地质地层学概念，而这些概念在很多考古情境中是毫无用处的。

当人类首次在地球上出现时，地层的形成过程就发生了一场变革。在此之前，这一过程是在自然力作用下形成的。这场巨变至少包括三个主要方面：第一，人类开始制造物品，这与自然选择下的器官进化过程不一致；第二，人类开始确定地表可利用的优先区域；第三，人类开始通过文化偏好而非本能来开发地球，最终以一种非地质学的方式改变了地层记录。

这场变革使考古地层从地质地层中分离，使文化地层从自然地层中分离。考古遗存和现生物种不同，它们并没有固定的存在模式；因此出现在地层中的考古遗存，会扰乱通过形成地层的化石遗存所看到的进化和发展的地质假说。优先利用区域已被奉为家族或国家财产的范围（区域之间有边界），在地层上则表现为一个普通的院墙遗迹或像中国长城那样的建筑。这些边界符合我们的意志，将土地分成若干非自然的小块。当人类学会了挖掘（当然，紧接着是工具制造，我们人类进化过程中最伟大的成就之一？），与地质地层不对等的地层特征就产生了。最终，从沟渠的挖掘到城镇建设原料的获取，每一种文化均会形成各自的以适应不同目的的开拓形式。

当社会形态从一种转变为另一种时，当游牧民族让道给城镇居民时，随着人类物质文化的每一次发展，考古遗址中地层堆积的密度和复杂程度也会相应增加。每一次经历巨大变革，比如近几个世纪以来的工业革命时，人类生活的地层标志即地质地标在逐渐减少，而人为地标逐渐增多。从地层学上来讲，在人类历史的极早时期，地质地层原理就已经不再适用于人为的地层：就是在那个时候，"考古地层"作为独立的陆地形成过程被提出来也是无可厚非的。

随着都市生活的开始，考古地层特性的变化也在加剧。建筑物的建造使堆积的速率与拆毁的速率同步提升，这反映出人类的掘地能力和将其所获转变为新的堆积现象的能力正在增强。这一变化展现在世界各地遗址的地层中，在诸如露天开矿或建造摩天大楼等的现代活动中就能见到。

都市革命与地质地层和考古地层的变革齐头并进。但是当人类被视作地质地层的"始作俑者"时（Sherlock 1922），这一角色的地层学蕴涵既未得到考古学也未得到地质学的考量。结果，一些考古学家仍然试图通过一个世纪前发明的、用来研究数百万年前沉积地层的规则来阐释考古地层。

很多考古发掘的地层记录，特别是有关城市遗址的复杂记录，就这样在地质学观念下利用不恰当的指导原则编写而成。基于这些遗址而建立的地层档案，用"混乱"一词来形容毫不过分。这些不恰当的地层记录为考古学带来很多问题，例如无法编撰恰当历史时期的考古发掘报告。

虽然考古地层学是考古学的基础，近几十年来却极少受到关注。在《考古学基本文献目录索引》［*Archaeology, a Bibliographical Guide to the Basic Literature*（Heizer et al. 1980）］一书中收录的 4818 篇论文中，列入"地层学"条目的仅有 8 篇。目前几乎所有的考古学教材对地层学原理都只是略提一二，并且其中绝大部分陈述都是对旧版地质学的老生常谈（e. g. Barker 1977；Hester & Grady 1982；Sharer & Ashmore 1979）。

本著的第一版是首本全书讨论考古地层学原理的教材，特别是在人类活动影响地层形成的领域。如果您同保罗·库尔班（Paul Courbin 1988：112）一样相信考古学家的工作就是建立考古事实，那么，就没有什么比建立地层学事实更基础的事业了。在这本《考古地层学原理》的第二版中，笔者试图重新组织内容，期望学生能够更轻而易举地学习这一基本方法，将其用于发现和记录考古遗址地层中。

本著前四章概述了地质学和考古学地层概念的历史，以及考古发掘和记录的早期技术。第五章集中论述考古地层学原理，这在第一版中是分散论述的：在此也很有必要对哈里斯矩阵以及地层序列思想做一论述。第六章和第七章是相辅相成的，前者讨论考古地层堆积，后者讨论"界面"这一概念：即堆积层之间的分界线，或者反过来说，就是堆积层的表层。接下来两章论述剖面图和平面图的绘制记录方法。第十章和第十一章概述了"断代"及结合地层的人工制品分析。最后一章是对上述简单程序的总结，如果用心执行这一程序，那么，即便是只受过些许训练的一般初学者，也能建立考古发掘的地层事实。

  基于同事们的支持，我能够添加许多精彩的图表，这些图表表明第一版中表述的某些理论已经在实践中得到证实。如果你断定第二版比原版进步了，那么，这一成就在极大程度上归功于我的同事，以及他们对我的考古地层学基本思想的拓展。身为考古学家，地层解读或许是我们面临的最困难的工作。对那些刚接触这些思想的您而言，我希望本著能促使您去寻找那些只有考古学家们才能找到的考古地层事实：祝您好运，愿有所获。

第一章　地质学的地层概念

1830 年，当查尔斯·赖尔爵士（Sir Charles Lyell）发表他的经典著作《地质学原理》（*Principles of Geology*）时，这一基于 17 世纪以来的成果而形成的地质学地层概念，就呈现出许多基本特征。这些特征在涉及诸如化石、地层、界面等地层学方面尤为显著；它们通常涉及地层学原理及原理之间的关系、年代学概念以及地层本身，即地层和界面或此二者间的不整合面。

那些铸就地层学现代概念的发现，与对化石和地层的主流认识相悖——前者被看作"自然的运动"，而后者则被视为"大洪水"后的沉积；依照当时公认的地球年龄，地质发展也被强加年代界定——参考《圣经》记载测算不超过 6000 年。

斯泰诺和鲨鱼的牙齿

最早尝试系统探索地层性质的人之一是丹麦人尼尔斯·斯汀森（Nils Steensen），即斯泰诺（Steno），他于 17 世纪下半叶在意大利开始此项工作。斯泰诺断言现代鲨鱼的牙齿和在马耳他（Malta）白垩质悬崖中发现的大量的"舌形石"有直接关联：

> 既然"舌形石"的形状和鲨鱼牙齿很像，就像鸡蛋之间的相似程度一样；既然它们的数量和在地下的位置不会对这一事实造成任何异议；那么，这似乎离我所主张的"'舌形石'就是鲨鱼牙齿"的真相已经不远了（Garboe 1954：45）。

他进一步推想到，缓慢生长而变大的物品会在石头中造成裂缝，就像树扎根在岩石或老墙上一样；而且在这一过程中，物品自身也会

第一章
地质学的地层概念

变形。由于化石——诸如"舌形石"总是以相同的形状出现，斯泰诺就此认为化石形成时的场地并未受到挤压（Garboe 1958：15）。因此，他认为含有化石的岩石原本就是在水中沉积形成的，后来的沉积物将先形成的化石埋藏于液态的淤泥中，从而使其保持原来的形状。

对于这类出现在高山上的物品，斯泰诺却引用传统的观点，认为它们是《圣经》所记录的大洪水退却以后，被留在那又高又干燥的地方的。但是，他也得出另一个理论，即岩石及其包含物已经改变了位置，引证自塔西佗（Tacitus）《年鉴》（Annales）：

> 恰在同一年，小亚细亚的 12 个城镇因夜里的地震而化为废墟……据说高山被夷为平地、平地则隆起成陡峭的山峰，废墟陷入一片火海（Garboe 1958：19）。

为了支持这一理论，斯泰诺依据意大利一个著名喀斯特地区的情况，发布了一幅最早的想象中的相关地质剖面图（White 1968：图版 XI）。那里的洞顶经常坍塌，形成小山谷（Tomkeieff 1962：385）。

斯泰诺打破常规，断定化石是当前生物的祖先遗存，而且地层既不是静态形成的，也不是大洪水的沉积物。这一研究还引领其对叠压和原生连续性堆积的地质学原理做出了解释（White 1968：229）。

在 18 世纪末，地质地层学理论有两大飞跃：一是涉及化石和地层的一般关系；二是关注地层的特殊方面，即层与层之间的交界面。

地层的相互关系

第一位推进这项研究的人是威廉·史密斯（William Smith），他曾在英格兰南部对运河进行调查和发掘。史密斯观察到，这一地区的地层呈现出有规律的叠压状态。从各种各样出露的岩层中采集化石时，他发现每一层都含有本层特定的包含物（Smith 1816：ii）。这一发现使地质学家在缺乏诸如相同地层等其他标准时，得以识别不同地点同时期的地层，而且它还提供了解读全球地质地层年代关系的密钥。

遵照这一主题，史密斯将采集物存放在按照地层顺序设计的橱柜中，把化石放在与其发现层位相对应的斜架上（Eyles 1967：180）。[值得注意的是，在路易斯堡要塞（Fortress Louisborg）采集的考古遗物也按照地层顺序存放，这和哈里斯矩阵图表展示的加拿大帕克斯·塞维斯（Parks Service）遗址地层序列的方式一样。]他的收藏品还经过精心的编目，每件化石都记录着种、属及其出土地点：

> 这三重信息对于整理标本非常有效，或者，在某种意义上，能够展示在多少个不同地点发现了相同的化石；在对所有化石藏品编组时仍然遵循同一方法：每一层作为一个整体，并且，其中包含的化石要分别记录（Eyles 1967：203）。

史密斯"每个地层都含有各自特定的化石遗存"的发现，并没有立刻取得年代学上的意义。然而几十年后，查尔斯·赖尔爵士发明了一种方法，即通过研究化石来判断地质地层的相对序列。这一方法基于特定地层中的化石与现生物种之间的比率。他指出，在较老的地层中我们会发现：

> 极少数化石是可以识别的现生物种；而越接近上层，我们会发现近代有壳目遗存的数量越多（Lyell 1964：268）。

因此，在第三纪早期，只有3.5%的化石与现生物种相近；但是在最晚期，这一比例上升至90%（Lyell 1964：273）。

斯泰诺、史密斯和赖尔发现了化石和地层是不同的遗存，它们通过自然过程形成和保存下来；地层中的某种化石仅原生于那些特定地层；化石显示出每一层的相对年代，因为在进化过程中某些物种会逐渐绝灭。这些概念与地质地层学的历史特征相关，但如果没有地层的非历史性或重复性方面的补充，它们几乎毫无意义。

地质过程

地质地层通过沉积或侵蚀、地壳隆起或下降入海的循环过程而形

第一章
地质学的地层概念

成。一旦固结,地层可能会遭遇倾覆、断裂、毁坏,要不然就是改变了原貌。当出自早期地层的化石或矿物以各种方式,诸如侵蚀等进入较晚期的沉积层时,我们就能发现上述变化的记录。这些变化还反映在地层间断、单个堆积或群堆积之间的不整合层或界面中。

地质循环是18世纪90年代由詹姆斯·哈顿(James Hutton)于苏格兰发现的。他的理论并不完整,因为他没有识别出"不整合面",即两个不同方向的地层构造间、层与层之间叠压但并不整合的界面。在哈顿的循环论中,"不整合面"代表的是某一构造抬升和侵蚀经过的时间,该构造沉降入海,以及在其上形成新沉积的那一刻。

据说(Tomkeieff 1962:393)哈顿在撰写《地球理论》(*Theory of the Earth*,1795年出版)时,就发现了上述地质特征。尽管对地表做了细致的观察,但哈顿的前辈和同仁仍"未发现单个的不整合面"(Tomkeieff 1962:392)。《考古学家的地层学》(*Stratification for the Archaeologist*)中所收录的约翰·斯特拉奇(John Strachey)的著名平面图(Pyddoke 1961:图1)就是如此。在评论斯特拉奇平面图中的"不整合面"时,派杜克(Pyddoke)也没有提及"界面"的概念,或许因为他"并未将其视作"有趣的考古地层学对象。

不整合面和其他类型的地质界面均代表不同的时间段,正如地层划分了时间段一样。按照哈顿的理论,每个不整合面表示一个相当长的时期——在此期间地层被抬升、侵蚀或下降至海底形成新的海床,并在此后通过沉积过程再形成新的地层。这种假设很快被接受,但是直到《物种起源》(*Origin of the Species*)出版后,才出现这样的论断,即其他类型的界面也表示很长的时期,与地层堆积本身所需时长差不多(Toulmin & Goodfield 1965:222)。地质时代需要划分成层,以百万年为单位计算,远远超出《圣经》中6000年的时间段长度。由此产生的争议直到20世纪通过放射性元素断代才得到解决。这一方法使地质学家能够测定地质事件的"绝对年代",并且能够记录其纪年。

与绝对年代相反,"相对年代"仅仅涉及地层事件的顺序。这一序列的制定,可能并未参照测算或量化地质事件发生的时间长度(Kitts 1975:363)。综上所述,到1830年,地质地层学已建构其主要概念,地质地层的相对序列由此得以确定。

地质地层学原理

与岩层相关的原理有三：叠压原理、原生水平层原理和原生连续性原理。第一个原理假定在成层的堆积中，上层较晚，下层较早；第二条原理指出，在水下形成的地层表面大致水平，而现今呈倾斜状的表面是自沉积之时便已然倾斜的；第三条原理推断每个堆积原本都是一个整体，没有出露的边缘，一旦发现出露的边缘，必定是侵蚀或沉积中断的结果（Woodford 1965：4）。

另一个原理与在地层中发现的化石有关，即动物群演化原理（Dunbar & Rodgers 1975：278）或化石地层原理（Rowe 1970：59）。这一原理认为出自连续世、代的不同化石遗存能够显示堆积的相对序列，尤其针对那些被移动、被倾覆的地层。例如，叠压原理就不能用于解释这种被扰动的地层，除非能够确定堆积的顺序。

除了上述原理，地质地层、考古地层、岩层界面、地层中的化石和其他遗存等概念也得到认可。地层被定义为岩层在沉积过程中，或在沉积环境中物质类型发生改变而形成的；岩层与界面最终汇积形成地层（Dunbar & Rodgers 1957：97）。岩层的界面，例如不整合面，标示着堆积之间的边界被看作与地层本身同等重要（ISSC 1976：11）。化石被视作祖先生物的遗存；其他包含物，比如出自早期地质构造中的岩石碎片，也被看作地层时间较早的证据（Donovan 1966：17）。

通过运用这些地层学的基本概念和原理，地质学发展成为一门包括多个分支学科的科学，如古生物学。然而，这些基本原理主要是针对沉积条件下形成的岩石层制定的。以"地层"一词的典型概念来说，大多数考古地层都不是沉积生成的。有些考古学家（比如 Stein 1987）可能错误地认为所有的考古地层都是"沉积物"。因此，如果不进行相当大的修改，那么这些地质地层学原理不大可能在考古学中派上用场，但是直到 20 世纪 70 年代，这些原理仍然是考古学思想的中流砥柱。尽管地质学理论已经给考古学家造成了重重困难，但是，我们当中有些新人（如 Gasche & Tunca 1983）却主张再次引入这一理论。在下一章中，我们将审视基于考古学家视角的地质学概念的发展史。

第二章　考古学的地层概念

考古学思想的起源和发展，在格林·丹尼尔（Glyn Daniel）1975年出版的《考古学一百五十年》（*A Hundred and Fifty Years of Archaeology*）中得到了极妙的讨论。直到19世纪后期，地质学一直对考古学概念的发展产生巨大的影响（Daniel 1975：25）。上溯至20世纪初，地质学仍被视作考古地层学的主要依据，尽管很多发掘者在考察遗址时很少或者根本没考虑地层。在本章中，众多早期的考古发现将通过地层学得以审视。在后面的章节，将讨论更多新近的考古地层学思想，而且这些考古学思想与第一章陈述的地质地层学有关。

人工"化石"

想象掩盖了化石的本质，直到斯泰诺的工作开展后才有所改观。史前遗存中的考古遗物被误传为"仙女之箭"或"雷神之弩"（Daniel 1964：38）。但是在17世纪，终于有一些古物学家开始宣称这些遗物与人类有关。和斯泰诺把发现的"舌形石"同现代鲨鱼的牙齿进行比较，并肯定它们之间的联系一样，早期的古物学家也开展民族志比较研究，将欧洲石器工具与当代美洲印第安人所用的工具进行比较（Daniel 1964：39）。众所周知，斯泰诺的"舌形石"出自地层，但是直到1797年，当约翰·弗里尔（John Frere）在地下数尺深且未受扰动的地层中发现了与灭绝动物共存的一组遗物时，才出现了有确切地层出处的考古遗物。然而这一发现（Frere 1800）被忽视了近半个世纪，直到1859年，在英国和法国有了更多出自地层的发现，同时有了包括查尔斯·赖尔在内的地质学家的权威论断后，有关人类起源的认识和遗物的古老性才成为人们可以接受的事实。

继弗里尔的发现20年之后，丹麦国家博物馆举办了一个以C. J.

汤姆森的"三期说"理论为基础的展览（Daniel 1943）。根据这一理论，人类先后经历了以石器、青铜器、铁器为主导工具的几个技术阶段。汤姆森的继承者——沃尔赛（J. J. Worsaae）通过对丹麦泥炭沼的发掘，为这一序列提供了有效的地层依据（Worsaae 1849：9）。他展示了被发现于成层的堆积中的遗物，石器在最下层的堆积中，紧接着是稍晚期的青铜器和铁器。

正如丹尼尔（Daniel 1964：48）所说，"三期说"理论虽然相当简单，但它赋予人类过去的编年以深度。1865年约翰·卢伯克爵士（Sir John Lubbock）的《史前时代》（*Prehistoric Times*）问世，他将石器时代做了进一步划分，即形成著名的史前视野——旧石器时代、新石器时代、青铜时代及铁器时代。考古学的这些重大发展可与史密斯和赖尔的地质学思想发展相媲美。这就表明考古地层的每一层都有其特有的遗物，这些"化石"也可以用来推断其他遗址同时代的堆积。此外，与现代形制相近的文化遗存的比例随着遗址越下层、越早而降低。

考古学家一般遵照这些原理来工作，但并不雷同。原因有二：其一，大多数考古地层都是人工堆积形成的，并不直接受地质地层学原理的制约；其二，考古遗存是静止的，其形成、保存或破坏主要是由人类造成的。因此，这些遗存通常并不受制于生命周期或自然选择的进化过程。与自然物品不同，人工制品在之后的阶段可以被再复制，正如民族志所展示的，一些人工制品在某些地区依然在使用，而在另一些地区则已经消失。这些事实使得人工制品的研究复杂化，并使之有别于地质学的化石研究。尽管如此，依然存在一种考古学观念——人工制品的形制更迭频繁，而且其变化能揭示古代社会的历史和文化。

早期地层学理论

在1819—1840年，考古学家们所倡导的思想被描述成古物学的革命（Daniel 1975：56）。这一革命并非考古地层学发展的结果。在整个19世纪，考古工作被地质学理论所左右。对于由地质地层构成的遗址，这样做可以理解；但自19世纪40年代之后，考古发掘针对

第二章
考古学的地层概念

的是诸如尼尼微（Ninevah）和西尔切斯特（Silchester）等复杂的人工堆积的遗址，这样做就不够科学。尽管有人持反对意见，但即使像皮特-里弗斯上将（General Pitt-Rivers）那样的发掘者，在19世纪末对考古学地层学理论同样贡献甚微。一本早期的考古学指南中反映出考古地层学理论的缺乏，弗林德斯·皮特里爵士（Sir Flinders Petrie）的《考古学方法与目标》（*Methods and Aims in Archaeology*, 1904）一书中对考古地层学的描述也仅寥寥数语。的确，考古地层学的起步可能不会早于第一次世界大战。

1915年，德鲁普（J. P. Droop）出版了《考古发掘》（*Archaeological Excavation*）一书，其中的地层学内容曾受到批评。但是该书中有很多最早的地层标本图，这些图（图1）表明作者对地层之间界面的重要性有了一定的了解。图中标示了遗物在剖面中的分布情况，并解释了墙体的断代方法。这些图还展示了作为垂直堆积层的墙体如何影响稍后的堆积形态。尽管其后的数十年间有若干考古学指南类的书籍问世（如Badè 1934），但这一关于考古地层性质的早期例证，直到《田野考古学》（*Field Archaeology*, Atkinson 1946）一书出版后才得以继续完善。

据说直到20世纪20年代，现代地层学工作才在美国出现（Willey & Sabloff 1975: 88-94）。这一方法的最佳倡导者就是基德尔（A. V. Kidder），他的发掘遵循"自然或物理地层的轮廓线，陶片的出处依据其地层单位登记"（Willey & Sabloff 1975: 95）。基德尔的主张在美国考古学界并未得以延续，近期的考古学手册几乎未见受地层学思想的强烈影响（如Hole & Heizer 1969）。相反，很多美国考古发掘者采用将遗址以指定厚度划分水平层的发掘方法，而不考虑自然的地层线。任意水平层的构想植根于地质学的地层观念，即固结的地层通常堆叠有明显的层理。在某些情形下这种方法是合理的，但在绝大多数情况下，会对遗址的地层造成破坏。大多数遗址，包括如贝丘遗址在内的史前遗址，是被普遍认可的成层堆积，但有关地层学方法的论著（如Byers & Johnson 1939）在大西洋两岸少之又少。

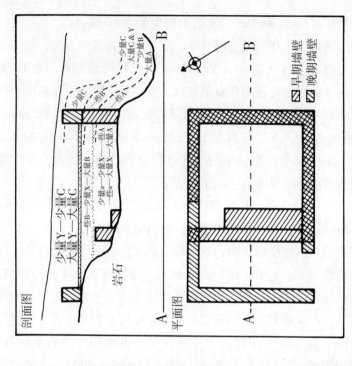

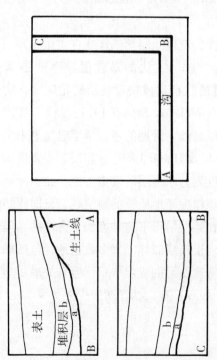
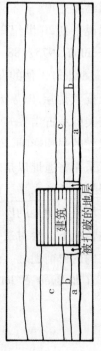

图1 早期的考古遗址地层学教学插图 [参照德鲁普（Droop）1915：图1–图8；承蒙剑桥大学出版社提供]。

第二章
考古学的地层概念

惠勒－凯尼恩学派

在20世纪20年代，莫蒂默·惠勒（Mortimer Wheeler）开始了在英国的考古发掘工作，并在其中一次发掘中绘制了一幅剖面图（Wheeler 1922：图11），该图被誉为"考古学的里程碑"（Piggott 1965：175）。虽然皮戈特（Piggott）没有给出如此赞美该图的理由，但它可能表明，该图打破常规，正确地界定了层与层之间的界面，正如德鲁普和基德尔所做的那样。直到1934年，惠勒在发掘梅登城堡（Maiden Castle）时才开始坚持使用界面线的方法。同时，他开始在处理剖面和做记录时对土壤分层进行编号（见图2），这无疑是一个里程碑式的行为。这一方法的背景知识在《地球考古学》（*Archaeology from the Earth*）这本手册中有简要的说明：

> 在工作过程中，要仔细观察、区分和标记地层。当然，其中的发现物均单独记录；同时，记录必须与其出土层位相统一（Wheeler 1954：54）。

上述概念成为通常所说的"惠勒－凯尼恩（Wheeler-Kenyon）考古地层学系统"的精髓。凯瑟琳·凯尼恩（Kathleen Kenyon）是惠勒的学生，她主张地层学思想还必须应用在包括探沟、灰坑以及其他类型的界面中，严格说来，这些并不是成层的堆积（Kenyon 1952：54）。

惠勒和凯尼恩提出了考古地层学原理的两个重要理念，即界面的价值和地层编号，编号使得遗存有了系统的出处。这些理念类似于赫顿不整合面的发现以及史密斯地层与化石关系的论断。

至1934年，考古的遗物、地层与界面均被认为是独特的人工遗物或遗迹。遗物被视作其出土层所特有的，并须按照其出土层位的编号进行记录。得到公认的是：遗物的形制随时间而变化，并且这一变化可以通过分析堆积的层位关系体现出来。

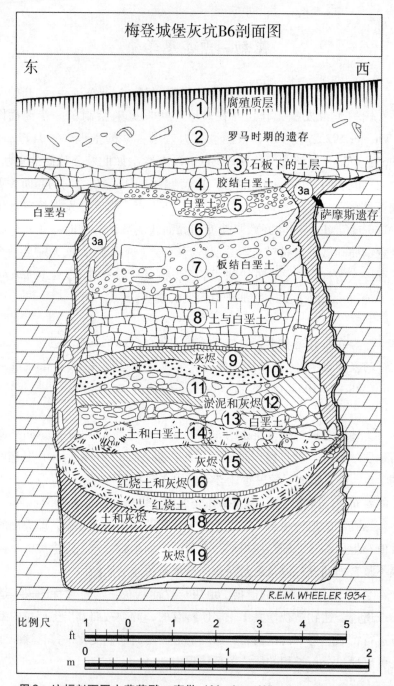

图2 这幅剖面图由莫蒂默·惠勒（Mortimer Wheeler）于1934年绘制，是最早的包含地层编号的剖面图之一（惠勒 1943：图10；承蒙伦敦古物学会提供）。

第二章
考古学的地层概念

叠压原理

与考古地层学的这些特定思想相比,其一般概念或原理的发展则举步维艰。直到最近,叠压原理才被考古学家所承认(Harris & Reece 1979),以下是考古学有关这一重要原理的常见例证:

> 这一原理来自地质学。可视的堆积或者岩层一层叠压着另一层。底层是最早形成的,其上各层自下而上以时间先后为序(Browne 1975:21)。

以上见解所缺失的是叠压原则成立的重要前提——所发现的地层必须是原生堆积。尽管地质学研究固结沉积地层(Consolidated Sedimentary Strata)与考古学研究中的非固结地层(Unconsolidated Layers)之间有着巨大的区别,但是叠压原理从未因考古学目的而进行过任何修改。这一考古地层学的发展缺陷直到十年前(Harris 1979b)仍然无人问津。本著的第五章将针对考古学目标对这些地质地层学原理提出修改建议。

考古地层学的发展或许可以被划分为若干标准阶段。在19世纪,弗里尔、汤姆森、沃尔赛等人的思想使这一原理得以产生;在两次世界大战期间,凯尼恩、基德尔、惠勒等人完善了这一原理;第三阶段则覆盖1945年到20世纪70年代的发展,此部分将在本著第三、第四章进行讨论。

第三章 考古发掘技术

挖掘地下宝藏想必是人类最古老的欲望之一，考古发掘或许被看作满足这种欲望的近代形式。发掘技术的历史变迁反映连续几代人对于什么才是珍宝的态度的转变。在 19 世纪初，发掘者理查德·柯尔特·霍尔（Richard Colt Hoare）认为考古发掘"只是在古墓中打洞，以尽可能快的速度拿到主要的遗物"，他感兴趣的只有完整的陶罐、贵金属物品和其他完整的器物，而不是陶片或地层细节。而今，通过 X 射线可以发现陶片、谷物孢粉或是一块铁所蕴含的信息，对那些目光敏锐的发掘者及其同仁而言，这些都被视为宝物。除人工制品外，早期发掘者还对诸如墙、沟渠等其他遗迹感兴趣。直至晚近，考古遗存中最常见的土层才得到了应有的关注。

如果柯尔特·霍尔只是打洞，那他后继的那些发掘者们将如何开展工作？

> 发掘方法是出版物中不会被实际提及的话题，只有那些长期从事发掘工作的人才能领会……在完整的科学报告中，这些方法只可意会不可言传，因为这些报告被理所当然地认为是给后继的发掘者阅读的，所以无须转告他们这些方法。（Kenyon 1939：29）

当代学生很幸运地可以阅读到《考古发掘技术》（*Techniques of Archaeological Excavation*）（Barker 1977）这本书。这是一本由英国顶尖发掘者所写的发掘技术的研究著作，适合学生参考。本章即是对考古发掘技术的历史性回顾。

考古发掘可以分成两个不同方面，首先是发掘方案，以弗林德斯·皮特里的方案为例：

最好的观察方式是采用平行探沟，因为它们给观察土层提供了良好的视角。出土物可以返回，而探沟不需要时也可以回填。

相反的，菲利普·巴克（Philip Barker）提倡全面揭露，在适当的情况下（像许多当代发掘者一样）使用象限方法（Barker 1977）。发掘方案与考古发掘的第二个方面——发掘程序不同，后者是实际发掘中所实施的过程。

发掘程序有两种：任意发掘和按地层发掘。任意发掘是指用任何可能的方法简单去除淤土，或者按照预先设定的每层统一深度控制发掘进程。在按地层进行发掘的过程中，考古遗迹的清理是依照遗迹各自的形状和轮廓发掘的，发掘顺序与堆积形成的序列相反。这两种发掘程序均可用于多种不同的发掘方案中，两者各自独立；发掘中出现一条整齐的探沟，并不能显示发掘者在这一区域使用了哪种发掘程序。既然发掘只是整个区域过去的"抽样"，那么发掘程序就远比发掘方案重要得多。因为"抽样"的有效性与发掘者所采用的发掘程序直接相关，而与遗址是探沟、小面积的探方还是全面揭露关系不大。

发掘方案和程序都可以从已发表的报告中推测出来。发掘方案也会在考古发掘过程中留下线索，例如巴雷特和布拉德利（Barrett & Bradley 1978）就曾再次发掘皮特·里弗斯曾经发掘的一个遗址，他们发掘了一系列探沟（采用"皮特里风格"），相继发掘之后又回填。发掘过程未在地面上留下任何痕迹，发掘者的陈述和记录就成了仅有的证据。在过去的两个世纪中，已出现大量的发掘方案，但它们都只采用了上述两种发掘程序。

发掘方案

最初的发掘方案只是在地面上打个洞，然后从中运出淤土以便获得埋藏在地下的稀世珍宝。盗宝者采用这种方法，在盗宝过程中就破坏了考古遗存。最终，这种盗洞式的发掘被正规的探沟发掘所取代，就像沃尔赛描写的那样（Worsaae 1849：53）：

如果古冢是一种常见的圆锥形，最好是从东南向西北挖一条大概8米宽的剖沟；为了更全面地观察，再从西南向东北挖一条类似的剖沟。通常这能够满足从顶部发掘该古冢的需求，也足以在古冢底部形成一个大洞……因为这个古冢基底的中部往往是最重要的墓葬所在。

沃尔赛还建议，为了更方便运土，可以做一条从古冢东南角到其中心的剖沟（见图3）。

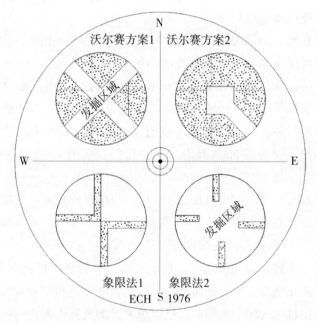

图3 在19世纪，坟丘的发掘是在其中心的埋葬关键部位打个探沟，不发掘外围区域。到了20世纪，象限法扭转了这一过程，探沟变成了隔梁，并且先发掘外围区域。

到了19世纪，皮特-里弗斯和其他发掘者开始完整清理整个遗址。对于某些有边界的堤岸和壕沟，皮特-里弗斯发明了截面方案，即将堤岸和壕沟切开一条探沟，并完全发掘到底部生土层（Thompson 1977：53-4）。皮特-里弗斯及其之前的大多数发掘者均采用任意发掘，不太注意考古地层的自然起伏。他的方法可能比前辈的更系统一些。

第三章
考古发掘技术

> 在清理墓冢和营地的探沟时……合理的方法是首先去除发掘区域地表的植被,然后自上而下逐步挖掘;这样,较上地层出土的陶器和其他遗物在下层发掘之前被移除和记录,就不会发生遗物出土深度的争议(Pitt-Rivers 1898:26)。

从上面的表述可以很清楚地看到,任意发掘只复原遗物和记录它们的出处,地层学上的细节问题是次要的。

1916年,在欧洲,万恩·吉芬(A. E. van Giffen)发明了另一种发掘方案,即象限发掘法。在这一方案中,一个遗址被分成交替发掘的几个方块。这种方案使发掘者可以通过遗址地层获得土层剖面或截面。这些剖面可以从那些未发掘的墙体或者相邻"象限"方块之间的隔梁上获得。在各探方内,万恩·吉芬可能偶尔按照地层发掘,但在接下来的工作中,他还是运用任意发掘法(van Giffen 1941)。

几年后,莫蒂默·惠勒用条带探沟法挖掘古墓(Atkinson 1946:58),这种方法暗示他使用的仍然是任意发掘法:

> 两列平行的桩线呈直角布置于古冢中轴线的末端。每条线上的桩上有一个相同的编号,挖掘者在这两条编了号的线内作业,并逐条清理这个古冢。与此同时,两排桩之间尽可能保持一定的间隔(Dunning & Wheeler 1931:193)

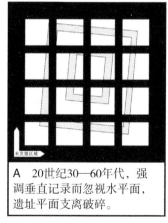

A 20世纪30—60年代,强调垂直记录而忽视水平面,遗址平面支离破碎。

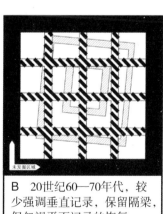

B 20世纪60—70年代,较少强调垂直记录,保留隔梁,但忽视平面记录的恢复。

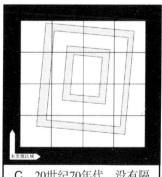

C 20世纪70年代,没有隔梁;强调平面图、剖面图按照地层发掘绘制。

图4 该图展示了从20世纪30年代保留大隔梁的网格发掘法到20世纪60年代的全面揭露,采用层累剖面而不是永久隔梁的垂直剖面。

20世纪30年代，在梅登城堡的发掘中，用地层发掘和网格系统法（见图4A）代替了任意发掘和条带探沟法。

惠勒的网格发掘方案是把一个遗址分成一系列小正方形方格，方格之间是隔梁（见图4A），它们保存了这个遗址不同区域的地层剖面。按最初的设想，方格法是大面积发掘的一种类型，因为当发掘进行到某个主要时期的表层时，隔梁最终要被打掉（Wheeler 1955：109；1937：平面图 LXVⅡ）。除此之外，惠勒认为这种方法使发掘和记录都可以掌控，因为每位监督者的管理区域都有明确的界线（Wheeler 1954：67）。

从20世纪60年代起，全面揭露方案更流行了（Barker 1977）。这种方法部分起源于皮特·里弗斯的工作，它与网格法有细微差别，后者自发掘开始就是整体发掘，没有隔梁的分割。在实践中，许多全面揭露的发掘者们还是保留了隔梁，其他的跟网格法差不多（见图4B）；另有其他发掘者采用了巴克（Barker）的层累剖面理念，隔梁就显得没有必要了（见图4C）。除了条带探沟法以外，截面法、象限法、网格法和全面揭露方案，今天都仍在使用。

发掘程序

惠勒的网格系统法在《地层发掘程序》（*Stratigraphic Process of Excavation*）一书中得到了补充和完善，此书涉及这样的概念：

> 依照正确的分层界线清理连续地层，并由此确保地层阶段及其相关遗物精确分隔（Wheeler 1954：53）。

相比之下，任意发掘法在20世纪30年代非常流行，尤其是在美国，像最近发表的《美国考古学会庆祝会》（*A Celebration of the Society for American Archaeology*）一文中提到的：

> 截至1930年，几乎所有的考古学者都是按"层"发掘，但大多数采用6英尺或15厘米的任意层，少数设法按自然层发掘或采用"剥洋葱法"，还有一些人两种方法兼用（Haag 1986：68）。

第三章
考古发掘技术

在上述引文中，很明显，"层"这个词与任意发掘法中的"层"是同义的，不应将其与惠勒理论中的"层"相混淆。令人遗憾的是，美国的许多考古学者仍然采用任意发掘程序［参见《大盆地基础》(*The Great Basin Foundation*, 1987；Frierman 1982；Costello 撰写的 Frierman 的回顾，1984）］。

从科学的观点来看，应当尽可能地利用地层过程。它的价值在于：通过地质学的类比，考古遗址的地层可以被视为"前尘往事不经意间留下的纪念"（Lyell 1875：Ⅰ, 3）：

> 地质遗迹（地层）证据即使常常不够完美，但是至少"拥有避免被恣意歪曲的优势"。我们可能对自己的推断感到失望，同样的，我们经常误解在日常的自然过程中所观察到的现象的性质和意义；但是，我们犯错之处仅限于诠释；并且，如果我们是正确的，我们的信息就是有把握的（Lyell 1875：Ⅰ, 4。加上引号是为了强调）。

考古地层是对过去事件的无意间的记录，正如惠勒所倡导的，按地层形成过程进行正确发掘，为考古遗址的阐释提供了一种独特的验证模式。发掘者若采用任意发掘方案，这种验证模式就会遭到破坏。

地层是人类活动的"副产品"：比如建造房屋时，人们并没有打算建造地层或在其中放置具有时代特征的人工制品。当房子因年久失修或在自然力下倒塌，没有一个人能决定在这一过程中形成的堆积的特点。因为从来没有证据表明，人类生活的任何一部分是有意识地以创造考古遗址为目的的。据推断，我们找到的考古发掘层只是过去社会及其活动无意间留存的记录汇编。提及这一显而易见的事实，只是为了强调考古学家决计采用的方式在考古发掘和记录一个遗址时至关重要。

考古学家在层次分明的遗址中采用任意发掘方案，就会破坏他们所寻求的原始数据，而这些数据正是他们孜孜以求的。任意分层使遗物脱离了它们的自然情境，并且和其他层位的遗物相混淆，因为任意分层并不遵从遗址中地层单位之间的自然划分（Newlands & Breede 1976：图 7.2）。自然划分的标志是地层之间的"界面"（见第七章）。就像在剖面上所见的交界线，它们代表某个遗址在古代的地表和地貌。因为忽视了界面，任意发掘会破坏遗址的地貌证据。有些人认为根据任意发掘所获的记录可以重建地层的地貌和特征，但事实证明，如果忽视界面，即使对所记录的资料进行详尽整理，也不可能重建遗址地层的地貌和特征（Schulz 1981）。不可能重建估计是规律，而非例外。最后，任意发掘方案导致了一个遗址出现任意的"地层序列"（见图49）。

现在普遍认为，在遗址地层能够辨识出考古分层和遗迹时，应该采用地层发掘方法；在其他情况下，地层单位可能无法识别，就可以使用任意发掘法。但是，在任何地层分析中，对采用任意发掘法的遗址区域的阐释必须持高度怀疑的态度，（这是因为）使用任意发掘法往往会弄巧成拙。

现在还得到广泛认可的是，全面揭露通常是发掘者应该采取的最理想的行动方案。简单而言，赞同该观点的理由在于发掘规模：发掘面积越大，所获信息越多；对一个遗址的全面揭露比将其分成一系列小坑发掘时更容易理解；并且，全面揭露更适合地层复杂的遗址，因为地层和堆积的流动不会被隔梁中断。

发掘方案和程序只是达成长远目标的临时手段。当发掘工作结束后，余下的重要工作就是发掘所获的物质遗存。其中包括可移动遗物，如陶片等，以及发掘档案——遗址地层最重要的记录。在下一章，我们将回顾考古发掘的早期记录方法。

第四章 考古发掘的早期记录方法

弗林德斯·皮特里爵士（Sir Flinders Petrie）曾经指出考古发掘的两个目标："获得平面图和地形信息，以及……可移动文物"（Petrie 1904：33）。早期发掘记录旨在恢复主要建筑的布局和遗物的出土位置等信息，重点放在墙体设计或其他如沟渠、柱洞等遗迹上。考古地层极少有平面图，除非含有如街道或居住面等明显的遗迹堆积。既然重点放在建筑而非地层，剖面图就不会记录地层的详细信息，而是用来呈现遗址的主要建筑遗迹。对于人工遗物，只要记录它们发现于遗址的更上层还是更下层就足够了。利用地质学类比分析那些相当厚且具有一致性的地层堆积，据此推断，遗物出土地层越靠下，其时代越早。在19世纪晚期，上述某些观念在由皮特-里弗斯（Pitt-Rivers）开展的发掘工作中践行，可谓那个世纪最出色的考古工作之一。

如果参与到皮特-里弗斯的发掘工作中，就可以看到下列方法。在发掘之前，皮特-里弗斯先绘制遗址的轮廓平面图（如 Pitt-Rivers 1888：图 CXLVI），其目的在于显示遗址的水系和地面的总体状况（Pitt-Rivers 1891：26）。对于遗址上那些具有明显边界的古冢等，他还针对轮廓展开调查，以便在发掘过后能够重建冢堆（Atkinson 1946：67）。皮特-里弗斯调查遗址轮廓另有他用，即"通过轮廓调查，之后能够以任何方向、绘制任何营地的剖面图"（Pitt-Rivers 1898：26）。因此，一个遗址的地层便由一群工作人员"转移到"一幅总图上。

去除表土层，镶嵌在下面地层的遗迹就被"绘制"出来。在当时，这些平面图的质量无可否认。它们（如 Barker 1977 年著作中作为环衬页重绘的平面图）记录着环壕，各种窖穴、灰坑的布局，以及种类繁杂的可移动遗物的出土地点。其中还会记录偶然发现的遗迹——比如在有环壕区域的入口处用燧石铺砌的路面。根据这些平面图和轮廓调查，许多剖面图就可以绘制出来。

因此，皮特-里弗斯的很多剖面图都不是遗址中所见真实的地层剖面，而是重构的。直至20世纪20年代，这些示意图一直是考古学中典型的剖面图（例如 Low 1775：插图Ⅷ；Woodruff 1877：54）。其中也有一些例外，比如图5，该图记录了苏塞港（Sussex）西斯伯力营地（Cissbury Camp）燧石工场一口矿石竖井的地层。一些石头似乎被精确地绘制出来，还记录了岩石的种类，比如以阴影线表示燧石。

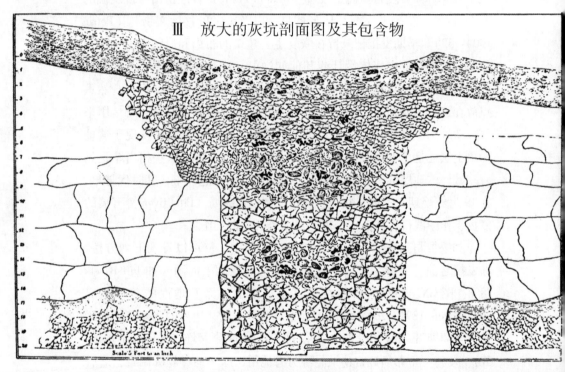

图5 放大的灰坑剖面及其包含物（与19世纪很多其他图形不同，该剖面图似乎被绘制成垂直的地层轮廓记录，而非发掘后复原的示意图。Willett 1880：插图XXⅥ）。

在皮特-里弗斯发掘的某些遗址中，他是按照任意厚度进行清理的，因此，遗物不会从其当时的出土层位（如从隔梁上）掉落到更下的地层中。但是，遗物相应的地层或其考古层位号并未被记录，而是采用三维数据：一个是出土地点的绝对高程，另两个数据为平面坐标。后来莫蒂默·惠勒（Wheeler 1954：14）也采用这种特别的方法。在20世纪30年代以后，遗物相应的出土层位也被记录。在最近

第四章
考古发掘的早期记录方法

的发掘工作中（Barker 1977：21），遗物出土地点的高程已不再被测量和记录，而只是简单地记录它们的出土层位。

在当今世纪，考古发掘的记录方式已经取得长足发展。这些发展并未遍布全球，不同遗址的记录质量千差万别。平面图不但关注地层记录也关注建筑遗迹。绘制详细平面图的精彩案例如万恩·吉芬（van Giffen 1930）和格瑞姆斯（Grimes 1960），他们的平面图试图记录发掘所揭露的整个遗址表面；新近还可见菲利普·巴克（Philip Barker）在发掘罗克斯特（Wroxeter）遗址时绘制的平面图（Barker 1975：图3）。这些平面图的质量或与他们所记录遗址的简单地层特性有关，或与发掘者愿意投入的时间有关。

都市遗址则与之相反，由于地层复杂和发掘工作紧迫，考古学家似乎只重视记录建筑遗存（见图6）。现藏于温切斯特城市博物馆的肯顿工场遗址（Kingdon's Workshop）档案显示，发掘时共绘制四幅平面图。这几幅平面图的信息被复制在图6中，其中可见罗马时期和中世纪时期的建筑遗迹，却几乎不见那时的土层信息。

20世纪初剖面图的发展同样可以以肯顿工场的发掘为例（见图7）。自20世纪20年代起，地层间的界面往往也会被绘制。剖面图上还会标注地层编号，但这一实践并未普及全球。例如凯瑟琳·凯尼恩绘制的剖面图上就极少标记地层号（Kenyon 1957：图4），这给地层关系的重新分析造成了困难。

发掘的文字记录一般由发掘日记和笔记说明组成。发掘日记记录发掘进程中的各种事项，笔记说明理应记录发现遗存的证据。在肯顿工场的档案中，所有的遗址记录本都是日记形式，地层和遗迹的描述仅见于剖面图底部的文字说明（见图7）。这一实践的倡导还见于手稿《考古学萌芽》（*Beginning in Archaeology*）中（Kenyon 1961：图12）。地层描述之所以极少包含地层资料，必然是断定地层关系已经涵盖在剖面图里，没必要再用文字描述。和这种记录方式相对应的是，剖面图中未显示的地层关系也不会在记录中出现。

自20世纪60年代起，考古发掘发生了戏剧性的变化，尤其是在新建设项目压力下的都市区域。与此同时，发掘者解读地层的能力提高了，很多地层单位得以认知和记录。但有一个重要例外，记录的形式还是原样，即引介一种预制表格用作对地层和遗迹进行文字描述的记录（例如 Barker 1977：图 46）。这些表格确保地层和遗迹的层位关系被完整地记录下来，因为在许多复杂的遗址中，这些信息在剖面图上是无法显示的。

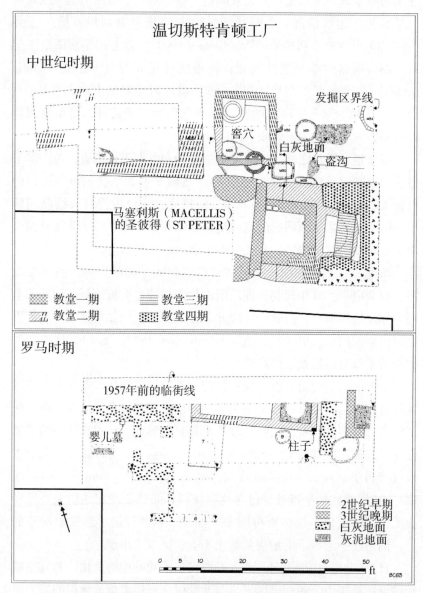

图 6　在 20 世纪 50 年代，平面图倾向于对墙体以及灰坑或探沟等遗迹的调查。仅记录那些规模巨大或者诸如街道、马赛克地面等有显著特征的遗迹的地层（见 Cunliffe 1964：图 10，承蒙作者提供）。

第四章
考古发掘的早期记录方法

20世纪60年代发展起来的全面揭露"完全符合地层学原理"的论断，在发掘记录的问题上无法被证实（Fowler 1977：98）。直到20世纪70年代晚期，鲜见有关考古记录的特征及其是否满足地层学要求的讨论。20世纪60年代，英国一些考古学者基于全面揭露方案的平面图比其前辈的制图水平提高了，但如果从地层学角度看，并不能说明他们取得了进步。

从起源至20世纪70年代，考古遗址的记录系统有多种倾向：起初兴趣集中在遗物上，紧接着关注纪念物和建筑，最后关注地层的诸多方面。大部分早期的平面图仅记录建筑遗迹而不记录占据主要部分的地层及层位关系；早期的剖面图同样仅输入建筑信息而不记录地层，文字记录倾向于描述地层的成分而不揭示地层的重要性。换句话说，赋予考古发掘最具正确性的地层学思想，却是（以往）考古记录中最后考虑的。

接下来的章节，将尝试对考古地层学理论、记录方法以及考古遗址地层分析方法等进行修订。到目前为止，有些思想非常重要，值得详细着墨，包括逐层发掘、层位编号以及对层与层之间界面价值的认知。

第五章　考古地层学原理

考古地层学必定基于一系列基本原理或法则。所有的考古遗址，或多或少都是分层的堆积。由于单个堆积或遗物的原生地层情境丢失，因此记录中的错误可能使它们变成无层位者。无根据地采用任意发掘，遗址的成层特性就基本被破坏了。如果某个遗址能够被发掘，那它就是一个地层实体，即便是在基岩顶部的单个堆积。考古遗址由成层的堆积组成，是循环再生现象，但是其文化内涵和地层土质因地域而变化。

因此，所有的考古遗址均受制于考古地层学原理，其中两点已得到普遍认可：

> 所有考古技术诞生于两条如此简单的规则，以至于许多听众觉得很可笑，它们是：①如果地层 A 覆盖着地层 B，那么地层 B 先堆积而成；②每个地层的分期晚于其内发现的最晚期遗物的制造时期。这就是地层学原理，并且从理论上讲从不会错。土地由一系列地层堆积组成，有些是人为堆积，有些是自然堆积，发掘者的工作就是以倒序方式（堆积形成的方式）将二者区别开来（Hume 1975：68）。

地质学上，这就是"叠压原理"和"化石确层原理"（Rowe 1970）。直到最近十年，再没有其他地层学原理出现在考古学教科书中（Harris 1979b）。

这些地质学原理未做修订就应用于考古地层学，或许会因两个方面遭受质疑：其一，与这些原理相关的地层一般是水下板块，还可能覆盖数平方英里，相反，考古地层不是板块，面积有限且组成多样；其二，人工制品不能用来鉴别地层，从地质学原理的角度来说，就是

第五章
考古地层学原理

因为人工制品不是因自然选择进化而来的。地质学原理不再适用于大多数考古情况,必须以考古学的标准加以修订。

下面不分先后提出考古地层学的四项基本原理,其中前三条来自地质学,第四条"地层演替原理"则是考古学原创的(Harris & Reece 1979)。

叠压原理

叠压原理在地层学解释中最为重要。它假定所发现的地层和遗迹的位置与其原生堆积类似。

> 叠压原理:与原生形成的一样,在一系列地层和界面堆积中,上面的地层单位较晚,下面的地层单位较早;每一层必定堆积于或因移动而形成于某个已存在的考古地层之上。

因为存在没有遗物的考古地层,这一原理还可应用于那些不用考虑地层包含物的考古地层。这与流行的观点正好相反:

> 对叠压的观察毫无考古学上的意义,除非各个堆积单位的文化内涵截然不同(Rowe 1970:59)。

叠压关系的判断在考古地层学中居于第一位,因为它定义了遗址中遗迹和堆积之间的界面关系。考古遗址的地层序列是通过分析地层之间的界面而得到的,并非由地层的土壤成分或其包含物所决定的。

在考古地层学中,叠压原理必须考虑地层的界面单位,严格来讲,这些不是地层。界面单位可被看成抽象的地层,它们和地层是叠压关系,要么地层位于界面之上,要么界面将地层截断或位居地层之上。

叠压原理阐述的是任何两层堆积单位间的序列。因为它只涉及任意两个地层单位,所以无须说明它们在整个遗址地层序列中的详细层位。这一原理仅简单说明叠压堆积的自然关系,即某遗迹单位在另一个之上或之下,因此,其时期更晚或更早。通过记录叠压关系,考古学家积累了大量有助于确定遗址地层序列的资料。

在考古学情境下，叠压原理有时可能被用于相对位置情况中。正如马丁·戴维斯（Martin Davies）在他的一篇有关考古学中的建筑遗迹的优秀论文中所指出的，我们有时必须断定哪一方在"上"，以便运用叠压原理进行分析。例如天花板石膏面位于金属丝网和托梁之下，但在形成的时间上却比后两者都晚。在这种情况下，考古学家知道了建筑工人是"倒着建造"的。用叠压原理的术语来说，就是考古学家因此能够推断哪一方在"上"，并相应地应用叠压原理。

原生水平原理

原生水平原理假定地层在形成时会趋向水平，这是由重力等自然力决定的，结果造成一个堆积紧接着另一个堆积以水平顺序叠压。这一原理最初应用于在水下沉积过程中形成的堆积，但也可用于陆地堆积中。在考古学上是这样定义原生水平原理的：

> **原生水平原理**：任何以松散形式堆积而成的考古地层会逐渐趋向水平。表面倾斜的地层其原本就是那样堆积的，或者与原先存在的堆积基底的轮廓相符合。

考古地层学上应用原生水平原理必须考虑陆地条件和对堆积区域的人为制约。人工的"堆积基底"是由筑墙或挖坑等造成的，这些行为转变了松散土层堆积的状况。对考古学家有帮助的一点想法是，这一原理在自然条件下与"堆积的原生情形"有关：地层之所以趋向水平，是因为遗址中的很多堆积就是被自然力铺平的。

另外，如果某堆积基底是一条沟渠，那么该堆积第一层填土的表面本来就会倾斜。如果在这些地层中发现了水平的表面，就要寻找原因。这可能是堆积条件的改变所致，例如洪水就会部分消弭沟渠的影响。随着沟渠填埋过程的推进，堆积通常会逐渐趋于水平；随着每一个后继堆积的形成，堆积基底自身也逐渐平缓。这些位置较上的地层，其表面可能会再次倾斜，这个时候就必须找出另外的原因，例如再次挖沟。

原生水平原理只与地层和堆积作用有关。然而，它的应用应该引领考古学家去寻找更重要的界面遗迹（见第7章），即显示地层堆积方向变化的堆积。相对的，这一原理还可用于建筑遗迹，例如牙买加（Jamaica）皇家海港的一些楼宇和高射炮台，1907年的一场地震使其倾斜了至少15°，但依然完好无损，现在部分被沙丘掩埋。

原生连续原理

原生连续原理是基于堆积或遗迹界面有限的地形范围而言的。如果一个堆积单位紧邻一个堆积基底的边缘，它的边缘会是薄边或厚截面。如果我们发现堆积单位的边缘不是薄边，而是一个垂直的面，那么，该堆积原来的范围或连续性一定被打破了。考古学上给这一原理的定义如下：

> 原生连续原理，即任何考古遗迹在最初开始堆积时，或者任何界面堆积在最初形成时，都被界定在一个堆积基底中，也可能逐渐变薄直至成为薄边。因此，如果发现任何堆积或界面呈垂直状态，那么，堆积的原始范围肯定因挖掘或侵蚀而被移除了，这时就必定要寻找它的连续部分，或寻找它缺失的原因。

考古遗址中出现多种类型的界面遗迹，证明了这一原理的有效性。这也是原生堆积不同部分之间地层相关性的基础。这种联系建立在地层上，并不考虑地层中包含的人工制品。地层各部分必定通过土壤成分相关联，也通过在侵入性堆积两侧的地层序列中因处于类似的相对位置而关联。

原生连续原理本是为地质学而设计的，它与水平地层有关。在考古学中，它可能拓展为两种形式。

首先运用于诸如沟渠等被视作地层单位的界面遗迹，如果这一遗迹以垂直面貌出现，则可以断定它原有轮廓的一部分已遭破坏。只要能找到沟渠延续之处，这两部分就是相关联的；沟中不同部分的填充地层也可能相互关联。

其次，这一原理也被应用于墙壁等直立堆积。在地层情境中，很少有墙壁能保持其原本的高度水平，一些原有的连续垂直部分会被破坏，墙体的截面将在平面上显露出来。就像灰坑的范围标记着现存地层被打破的范围，那条标记着墙壁截面范围的线，依照原生连续原理，也要作为一个界面单位来对待。

叠压原理、原生水平原理、原生连续原理指的是地层累叠状态下的物理过程。这使考古学者得以判定在遗址中存在的地层关系以及必要的地层相关性。

就地质学角度而言，随着时间的流逝，地质累积的顺序等同于地层堆积。在地层柱上，一个堆积让位于下一个堆积，如同一副纸牌。地质堆积与地层序列之间的这种直接相关性，是由于地质堆积的范围很大而产生的。然而，相较而言，在特定地点所选的考古地层样本体积却较小。这些简单的、单线性的、纸牌状的序列是考古规律的例外。

地层演替原理

大多数考古遗址具有多线性的地层序列，这是考古地层范围有限，会有直立性堆积以及界面遗迹的结果。后者创造了新的堆积基底，其中各自独立的层序分别不断累积。这些考古地层特征违背了堆积顺序和地层序列之间的简单相关性。此外，地质学从未给考古学提供任何直截了当地描述考古遗址复杂地层序列的方法，仅就这一原因，早先对本著第一版的批评（Farrand 1984a，1984b；Collcutt 1987）就是"稳固大桥下嘈杂的流水"而已。

现在已被承认的事实是：哈里斯矩阵为考古学提供了一种方法，该方法能够以图表形式简明扼要地表示地层序列。但是，要让这一方法发挥作用，就有必要介绍地层演替原理（Harris & Reece 1979），以补充和完善叠压原理、原生水平原理以及原生连续原理：

> 地层演替原理，即在一个遗址的地层序列中，一个考古地层单位的地位由其所处的位置而定，这一位置是指该考古单位处于其上所有单位的最下层（最早）、其下所有单位的最上层（最晚）之间，由此就建立了该单位的物理联系，其他叠压关系则是多余的。

为了说明地层演替原理，在此必须介绍哈里斯矩阵及其"地层序列"；也很有必要理解这些思想——接下来的章节均与此有关。

哈里斯矩阵和地层序列

哈里斯矩阵发明于 1973 年，其诞生背景参见本著第一版。哈里斯矩阵是一张印刷着小长方块的记录表（见图 8）。这一名称没有数学意义或其他内涵，而仅仅只是展示遗址中地层单位关系的简单格式。这张图表通常被称为"矩阵"，代表遗址的地层序列。"地层序列"被定义为：在某考古遗址中，"地层堆积的顺序和随着时间演进而产生的遗迹界面"。

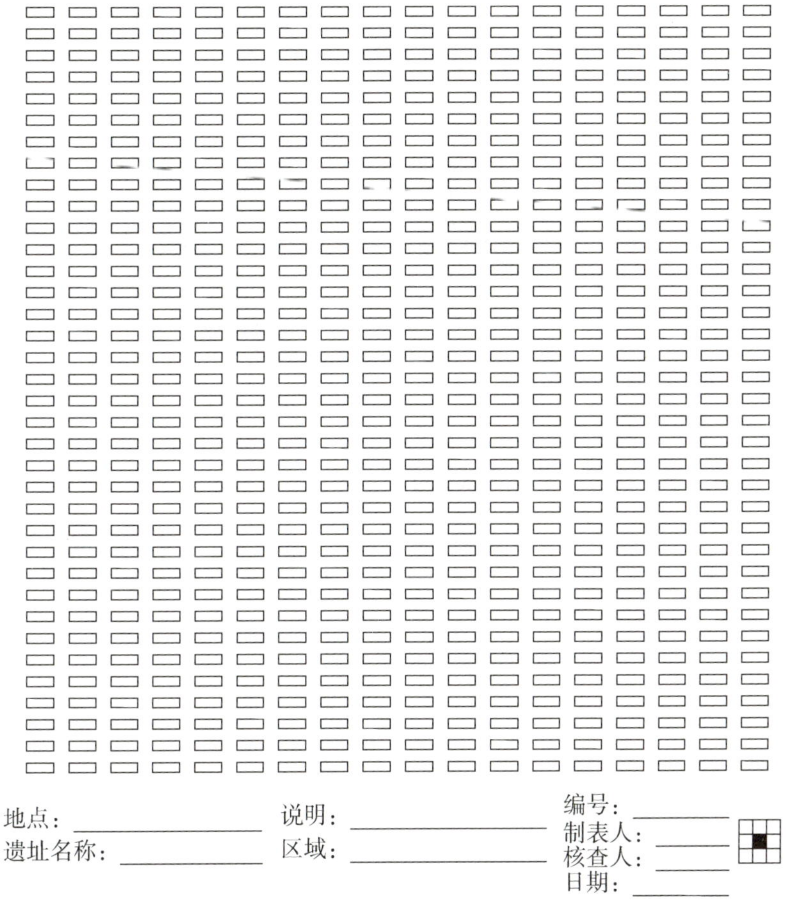

图 8　哈里斯矩阵表呈现考古遗址地层序列的示例

利用叠压原理、原生水平原理和原生连续原理去解读遗址中的地层，就产生了一个地层序列。由此，地层关系将依据地层演替原理，经由哈里斯矩阵表"译写"而成地层序列。矩阵表承认两个特定地层单位间仅存在三种可能关系：图9A表示两个单位之间无直接地层（物理）关系，图9B表示两者为叠压关系，图9C表示两者作为一个完整堆积或界面单位的不同部分相互关联（等同于用"="表示，在发掘中分别编号）。运用这种方法，随着发掘的进行，一张地层序列图表就会跃然纸上（见图10）。在发掘结束时，考古学者便拥有了遗址的地层序列表（见图11）。

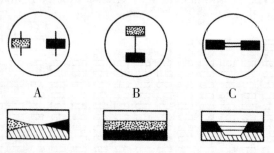

图9 哈里斯矩阵系统确认考古地层单位之间仅有三种层位关系：（A）单位之间无直接地层关系；（B）叠压关系；（C）单位作为整个堆积或遗迹界面的不同部分而相互关联。

然而，如果在分析地层序列中不使用地层演替原理，就会出现困难。这是因为序列通常被认为代表所有自然关系（见图12B）。这些图表示地层单位在时间上的相对序列，但并不是对诸如剖面上所获信息的简化。既然矩阵标记着遗址地层在时间上的发展情况，只有相对序列中最直接的关系才具有重要意义。地层演替原理能帮助我们判断哪些关系最有意义。据此，把图12B中多余的关系删除，就变成了图12C，表示这个虚拟遗址的地层序列。

研究考古地层的根本目的是把地层单位、地层和遗迹置入它们的相对序列中。在地层中没有人工包含物为参照的情况下建构的地层序列，就是它们的相对序列。上述四项考古地层学原理在这种没有人工包含物的分析中至关重要。讨论过这些原理后，接下来两章重点考察组成所有考古地层的两个非历史性因素。

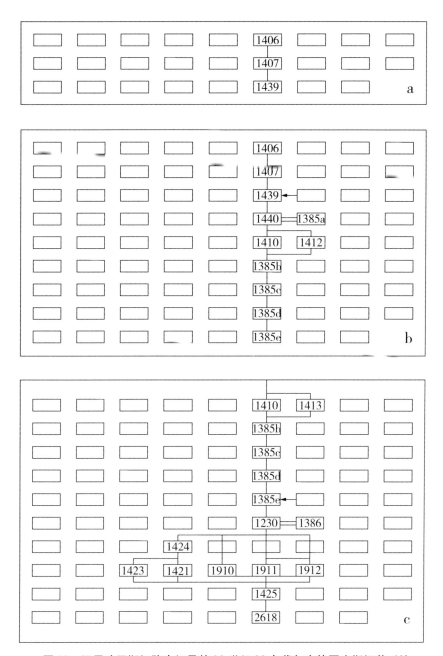

图10 运用哈里斯矩阵表记录的20世纪80年代初在德国康斯坦茨（Konstanz）发掘的Salmansweiler Hof遗址的地层序列（见Bibby 1987，承蒙作者提供）。

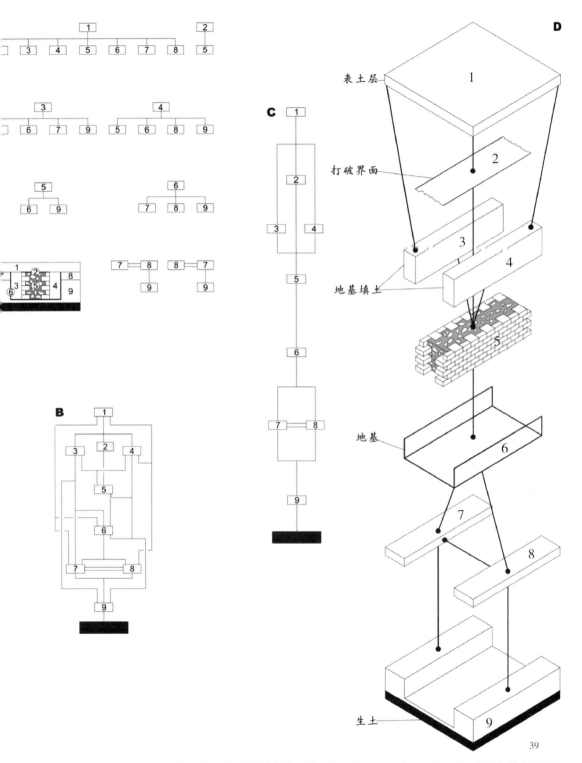

图 12 地层序列汇编。(A) 以哈里斯矩阵法将所有叠压关系呈现在剖面图中；(B) 以矩阵演绎的剖面图，依据地层演替原理呈现在 (C) 的地层序列中。

第六章 堆积单位

考古发掘者必须掌握考古地层学理论，这样才能知道在考古发掘中要观察和记录些什么。前几章简要回顾了以往的考古地层学理论。毫无疑问，考古地层学最重要的思想源自惠勒－凯尼恩学派，是他们开始将地质学定理译介成考古学术语。这些概念在《地球考古》（*Archaeology from the Earth*, Wheeler 1954）和《考古学萌芽》（*Beginning in Archaeology*, Kenyon 1952）中有过切实有力的论述。解释考古地层也是一项需要掌握地层学理论知识的工作。皮多克（Pyddoke）指出，解释必须在发掘中学习而非从书本中得来。他在《考古学家的地层学》（*Stratification for the Archaeologist*）一书中断言：

> 虽然地层学的基本原理是通用的，但各种类型的遗址均要求不同的经验；具备多年发掘青铜时代墓冢的经验虽然有用，却不一定能使考古学家理解罗马时代或中世纪城址的地层堆积（Pyddoke 1961：17）。

实践和知识之间不应该有分界线。学生在发掘中的学习应该以地层学原理为基础，而地层学原理本身就来源于实地观察和学术分析，过于强调二者中的任何一个或许都是不明智的。人们普遍认为实践经验重于学术基础，这在很大程度上导致考古学中地层学概念发展的不足。

此外，一个遗址的特定年代并不影响地层解释。一位能干的考古地层学学生在任何遗址都会游刃有余，地层的初步研究、记录和解释均无须考虑各种地层和遗迹单位的历史意义。考古地层学原理必须考虑地层的非历史属性，因为这些才是普遍适用的。事实上，许多地层单位和历史遗迹一样，并不具有普遍性。考古学家研究过去社会的发

第六章
堆积单位

展,主要是通过对不同遗址的文化或人为序列进行比较,而不是对地层进行分层。

地层的特征

要想知道对于考古地层需要记录什么,以及如何解释一个遗址的考古地层,就得了解地层的非历史性或反复出现的方面,例如:

> 大峡谷或任何一条水沟在任何时候都是独一无二的,但是随着时间的流逝,它总是持续不断地变成其他独一无二的、不再重复出现的构造。这种变化中的个体现象是历史性的,而产生变化的性质和过程却不是历史性的(Simpson 1963:25)。

换句话说,形成大峡谷或田间沟渠的地层过程在今天和在遥远的昔日是相同的。地层学学生的任务就是识别这一过程及其构成——如堆积和界面。本章讨论堆积的非历史性方面,第七章则讨论界面问题。

或许在此插入关于地层的非历史性及历史性方面的哲学注释是恰当的。由斯蒂芬·杰伊·古尔德(Stephen Jay Gould)所著的《时间之箭、时间之循环》(*Time's Arrow, Time's Cycle*)就是这样一本著作,强烈推荐给对"探索时间"感兴趣的考古学家。它以一种传奇的方式论述了托马斯·博内特(Thomas Burnet)、詹姆斯·霍顿(James Hutton)以及查尔斯·赖尔在建构"深度时间(deep time)"中的贡献(Gould 1987:1-19)。而"深度时间"是诞生地质科学的主要因素。

古尔德用"时间之箭"来比喻事物在历史方向上的变化,用"时间之循环"来描述历史的循环过程,即在形成具有历史意义的事件时保持不变的重复过程。

> 时间之循环寻求内在性法则,它们超越时间而存在,并在自然界所有丰富的特性中记录了一种普遍适用的特性、一种共同的联系。时间之箭是历史的伟大原则,它表明时间无情地向前发展,一个人确实不能两次踏入同一条河流(Gould 1987:58-59)。

在循环内，重复的因素"显示秩序与计划"，而时间之箭所隐喻的"一连串的不同"，使人们对历史的认识成为可能（Gould 1987：50）。在本著第一版中，正是由于古尔德为了地质学目的而提出这些掷地有声的概念，它们才被引入考古地层学中，并构成这一学科目前的理论基础。

考古学的"地层单位"表示（考古学视角的）时间循环，它们具有普遍性，能在全球任一考古遗址中找到。从地层学上讲，柱洞就是柱洞，它在地层中存在的证据总是一致的，即嵌入原地层的界面遗迹，内部填有碎石，也可能是腐朽的柱子或其他有意填充物。地层单位有两种主要形式，即堆积和界面（分别在第六、第七章中概括讲述）。考古地层本身就是时间循环的代表，因为它们是以相同方式重复形成的，即堆积与侵蚀的过程。这就是考古学家只要曾受过考古地层学理论和实践方面适当的训练，就能在任何考古遗址有效工作的原因。

对遗址中包含的遗迹和遗物的解释，为"时间之箭"提供了地层分层证据的历史方向。通过分析多种因素，我们便可得知这些是铁器时代的柱洞，而附近城市那些是中世纪的。沟渠的独特形状表明它是用来防御的，而且它是陆地的排水沟。这些简单的例子不过是无穷历史实例中的一个标记，它们反映了不同时代的人类如何通过重复的过程改变地貌，从而形成考古地层。

如果不了解"时间之箭"与"时间之循环"之间的差异，即"独特事件"和"重复过程"之间的不同，考古学家就很难理解、记录和解释考古地层。

在我们言归正传之前，还有另一种思想值得注意。在讨论詹姆斯·霍顿的《地球理论》（*Theory of the Earth*）及其提出的地质循环时（在第一章曾提及），古尔德说，在认识到一些岩石的火成特性后，他将"恢复"的概念引入地质记录中：

> 如果隆起能够恢复被侵蚀的地貌，那么地质过程就没有时间限制。河流和波浪造成的侵蚀可以逆转，土地也可以通过外力抬升恢复到原来的高度。隆起可能跟随着侵蚀，在形成和破坏中无限循环（Gould 1987：65）。

第六章
堆积单位

换言之，如果没有地壳运动、火山喷发等抬升作用，地球早就被侵蚀成一个光滑的球体了。正是这些永恒的隆起过程，致使地球的地质地貌不断变化。

在《考古地层学原理》第一版的导言中提到，人类在地表地层的形成过程中创造了一场重大革命。从这个角度来看，似乎任何考古地层学理论都要考虑人为地层的形成方式。根据古尔德对詹姆斯·霍顿的地质循环理论的讨论，我们或许可以补充一个单独的考古地层学理论，即在人为地层的考古循环中，正是人类自身提供了至关重要的"隆起"恢复之力。

正如本章及下一章中所提到的，这种新的隆起所产生的地层堆积是独一无二的，且不会发生在自然或地质循环中。因为人是这种新恢复力（就地质学术语而言）的代理人，我们必须发展我们自己的考古地层学理论和实践，以便更好地理解我们以独特、重复的方式改变地层的过程和历史内容。

地层形成过程

1957年，爱德华·皮多克（Edward Pyddoke）观察到香港街区水浸。很多汽车被卷进了从附近山上冲下来的泥流中，这印证了：

> 所有雨水冲刷形成的地层，其形成过程的双重特性是显而易见的：成吨的泥土堆积于街道上，山上成吨的泥土被侵蚀（Pyddoke 1961：35）。

所有地层类型都是这种侵蚀与堆积循环的结果。例如沉积岩，就是由其他受侵蚀地层的颗粒沉积在海床上形成的。这些淤泥层最终会固结成石头，它们可能会被抬升并受到侵蚀。地层形成的过程就是侵蚀与堆积的循环。

就小范围而言，这样的过程发生在考古遗址中，其背后有自然力的作用，比如气候的变化或动植物的活动［皮多克（Pyddoke）在《考古学家的地层学》（*Stratification for the Archaeologist*）中曾提及］。然而，当人类学会了挖掘，我们就成了创造考古地层的主力。无论出于何种目的，挖掘的最终结果都会形成新的地层（见图13）。考古地层的形成过程是自然状态下侵蚀和堆积的融合，以及人类通过挖掘和建设改造景观的结果，即侵蚀和堆积的双重自然作用，加上有意挖掘和优先沉积的补充，比如掘土制作泥砖，再用泥砖砌墙。

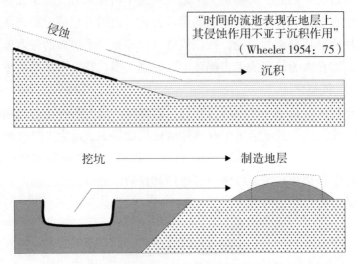

图13　考古地层形成过程的结果是形成沉积和遗迹界面。

在另一种意义上，考古地层的形成过程具有双重性：地层的形成相当于产生一个新的界面；在很多情况下界面不止一个。挖掘物堆积会形成新地层，但是在这一过程中会产生一个新坑，坑本身也是界面。因此，考古地层是由堆积和界面构成的。

通常情况下堆积和界面比例相等，但有的时候后者多于前者。这是因为，所有的堆积都有表面或"层界面"，但没有"遗迹界面"，例如灰坑，在其形成的表面有叠加堆积。遗迹界面本身就是地层单位，正如地层形成过程的双重性所表明的那样。一旦形成，考古堆积和界面就会在持续的地层堆积过程中被改变或破坏。因此，考古地层的形成是一个不可逆的过程。某个地层单位一旦形成——无论是地层堆积还是界面，此后就只能遭受改变或侵蚀，而不能再次形成。

另一方面，考古地层也是不可逆的（或者说不能被倒置），因为它极少固结。除了岩化以外，考古地层不会发生反转或倒置，否则就会失去其原有特征。任何考古地层的倒置（挖掘）都将形成新的堆

第六章
堆积单位

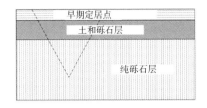

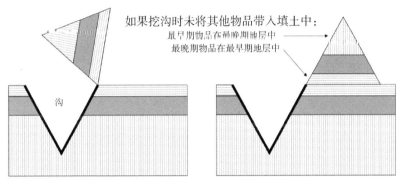

图中方框中显示早期定居点上的一处物质堆积，土和砾石层位于纯砾石层之上。当挖一条沟渠时，就存在地层顺序反过来的情况。

(Cotton 1949: 129)

图 14 与图示相反，考古地层不能被倒置或反转过来，因为考古地层不是固结堆积。

积。就考古地层而言，图 14 所描述和示意的情况是不准确的：图例中的地层并不是常见的整体倒置（在地质学情形下），而是一铲接着一铲挖出来的，在这一过程中，无论土壤成分如何，它们都转变成了新地层。即使在这一新过程中没有混杂任何人工制品，也不支持一些考古学家所认可的"地层倒置"理论（如 Hawley 1937）。考古地层的非固化特征具有相当重要的历史意义。考古堆积在土壤组成和时空框架中是独一无二的堆积：它们被一次性生成，一旦被移动或扰动就会遭受破坏。

在考古地层形成过程中，决定文化遗存堆积的主要因素有三个：地表现状、自然力以及人类活动。原有的景观借助其地形形成堆积的基底。这些堆积的基底可能是古河流的冲沟、一条战壕抑或房子的一段残垣。在其他情形下，堆积可能只发生在基底的表面，且新形成的地层并不会超出基底的边界。新堆积的形状还要取决于沉积物的数量，以及自然或人类活动对其所施加的影响。

当地层堆积由自然力决定时，它的表面将会在重力作用下趋向水平，并且边缘逐渐变薄而成薄边。这种自然的堆积往往以典型的层状模式积累——一层叠压着一层。人工地层堆积则不一定遵循这种趋势。

自然地层和人工堆积层之间的区别可以这样看——在地层形成过程中，大自然会寻求阻力最小的道路，最软的岩石最先被侵蚀，表面倾斜度越大，侵蚀的速率越快。而人工地层的形成是文化偏好的结果。人们可以根据具体规划创造地层，而不是顺应自然界的流动。人类可以选择突破现有堆积基底的限制：我们甚至可以通过挖沟或筑墙来创造自己的世界。人类的历史——从原始的营地遗迹到当代大都市的城市边界，在很大程度上就是建造新堆积基底和新地形边界的历史，这些都可能被"珍藏"在地层里。在地层形成的过程中，可以识别出几种类型的非历史层与自然层。

沉积与地层

关于沉积过程，地质学家查尔斯·赖尔对地层的定义如下：

> 地层这个术语，简单而言是指"地床"，或是任何分散或散布于某一特定表面上的物质；并且，我们推断这些地层普遍通过水的流动而延展开来……因为每当河流中充满泥沙时，检测它的流速……之前因水流运动而形成的悬浮物，因重力而下沉至河床。如此，泥沙就层层沉积（Lyell 1874：3）。

这些地层是纹泥堆积，逐年沉积在河流和湖床上，它们对研究欧洲及其他地区第四纪最后的冰川期的编年非常重要（Geer 1940）。这一定义指出地层在形成过程中的另外两个因素：物质运输方式和沉积条件。在地质学上，搬运是由地心引力的作用产生的，例如岩石从露出地表的岩层上剥落并滚落到其他地方停歇，流水和风搬运这些岩石碎屑直到它们没有外力作用而停下来。当搬运停止时，沉积就发生了。

赖尔的定义并不完全适用于考古地层，因为在许多情形下，考古地层单位并非散布于表层，而是根据特定需求而有意堆积的。以赫斯特（Hirst）为例，他就认识到考古地层的三种类别：

第六章
堆积单位

①呈水平堆积或叠压的地层；②打破地层的遗迹（即反向遗迹），例如灰坑；③围绕地层建造的建筑遗迹（正向遗迹），例如墙垣（Hirst 1976：15）。

第一类与赖尔所定义的地层相似，但是第二与第三类均与之无关。第二类将在下一章"遗迹界面"中论述，而第三类将在下文"直立地层"中展开讨论。根据搬运方式和沉积条件，第一类被划分为自然地层和人工地层。

在考古学情境下，自然地层的堆积物可能是由人或自然搬运的。当墙体自然毁坏或倒塌时，或者当一条沟渠在侵蚀下被填埋时，无论堆积最初的来源是什么，堆积物都会被自然力搬运到堆积地点。当某条沟渠被生活垃圾填满时，人类就成为堆积的输送者。堆积物一旦处于运动中，在自然条件下就会堆积成层。在此情形下，堆积的表层也将会趋向水平。而在干燥的陆地，由于没有水体的水平调节力，这种趋向会大大减弱。由于该类地层基于自然环境而形成，因此它包括有机过程形成的堆积，比如泥炭层的生成；也包括在考古遗址中出现的任何地层单位堆积，比如火山灰层或者洪水淤泥层。

比较而言，人工地层的堆积物是由人运输而来，该堆积受人类规划和行为的制约，往往并不遵循自然地层法则。自然力搬运地层堆积物时，必然会遵循地形轮廓。在这一过程中，侵蚀而来的悬浮物颗粒被带入大海，而人为运输不会出现这样的趋向。数千年间，堆积物从四面八方被搬运至高山和谷地，最终沉积下来。大部分自然层呈透镜状散布，但是人工地层可以设定其确切的形状。人工地层通常平铺，但也可以垂直向上（比如墙垣），这与自然力下土壤水平移动的倾向相反。人工地层有两种类型：一类是在特定区域平铺，另一类是在现存地表之上直立。

第一类是指在特定区域，以一层叠压一层的常规模式堆积。这些地层有水平的地表以合乎其功能需求，包括硬化的道路、房屋地面或是在遗址选定区域有意散布的建筑物料或其他材料，以及刻意填埋的坑洞，比如墓葬、灰坑、柱洞和各种沟渠等。这些水平层堆积将改变遗址的地形，但它们本身很少形成新堆积的基底，一些直立堆积层也不例外。

第二类是直立堆积层，比如墙垣，它是独特的人工地层形式，不可与任何地质地层相提并论。当巩固一段时间后，它们会成为遗址中新地表的基底。例如，当建造一座石房屋时，房屋内外均会产生各自的地层序列，直至墙体倒塌。因此，直立堆积层使考古地层的样式及其发掘和阐释过程复杂化。惠勒曾在他的一幅著名的图中（见图15）讨论过这种情形的某一方面：不能沿着墙面挖掘探沟，因为直立地层的层位关系主要在那个垂直面上被发现（Newlands & Breede 1976：图7.1）。相反，水平堆积的层位关系通常表现在水平面上，因此成为叠压原理的有力论据。直立地层也具有常规的水平（或叠压）层位关系，因为它们的局部也在地表上。

堆积的属性

自然地层、人工地层以及直立地层具有以下共同的非历史性地层特征。

1."表面"或"原生面"

这个概念被用来区分层的顶面与底面，由地质学中用来定义地层叠压顺序的方法发展而来（Shrock 1948）。例如，如果一只大型动物在淤泥层上走过，它的足印就会在层表留下坑洞；当这些足印坑洞被淤泥填满时就会被保存下来，例如在美国发现的恐龙足印（Shrock 1948：133），在其下层堆积的顶面包含与之相对应的足迹"副本"。如果地层在地质变迁过程中发生反转，那么，足印及其"副本"的位置也将反过来，从而表明岩石层的反转。这种地层反转在考古遗址中不会发生，但是，"顶面"的概念依然有用，比如，因为其松散的特性，发掘者仅能研究水平层的顶面。

另一方面，直立地层则具有多个原生面或顶（出露）面。与屋顶的顶板持平的墙顶面，极少保存在地层记录中，除非像庞贝古城里那些在自然毁坏之前就被掩埋的整座房屋。但是在门窗周围，以及那些会被现代人粉刷的内外墙壁的表面，还是保留着墙体的垂直面的。

如果说地层之间的关系是在现存地表上叠压新堆积层，那么，直立地层中紧靠垂直面的堆积就会沿着垂直面堆叠，与常见的水平层叠压方

第六章
堆积单位

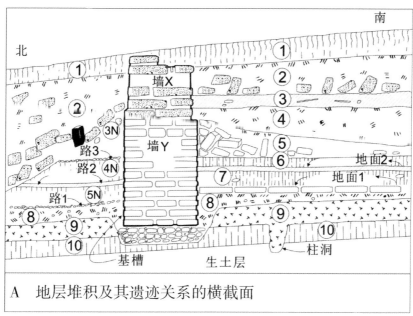

A 地层堆积及其遗迹关系的横截面

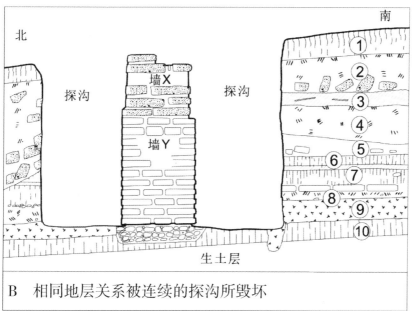

B 相同地层关系被连续的探沟所毁坏

图 15 这幅图首次引起人们对直立地层的关注,并提醒人们注意将这些堆积与其毗连地层分开发掘的错误做法(来自 Wheeler 1954:图 16;承蒙牛津大学出版社提供)。

式一样。因此，惠勒指出垂直发掘（见图15B）将会破坏这些地层关系，因为它们是在具有人工直立堆积层特性的垂直面上形成的。因此，所有考古地层单位都有"面"，这将在下一章"层界面"中叙述。

2. 边界轮廓线①

这些边界线或轮廓线，界定了一个地层单位在水平和垂直维度上的特定范围。这些在考古平面图上不经常出现，但在剖面图上频繁出现（例如图15A）。边界轮廓线和地表等高线并不相同，因为层堆积是叠压状态。由于各层的大小不同，且可能重叠，所以，在遗址地形发展过程中，在一个特定时期，某一地层只有部分边界轮廓线出现在表层。

3. 表面轮廓线

这些线（见图16）显示某层或一组地层单位表面的地形凸起状况，由一系列记录在平面上的高度点或高程点构成。它们并不像边界轮廓线那样会同时出现在平面图和剖面图上，而仅仅在平面图上显示。这两个概念在地质地层学和考古学中均应用了很长时间（如Trefethen 1949：图12-9）。它们的功能大相径庭，二者之间很少有恰当的联系。

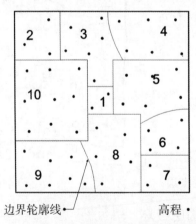
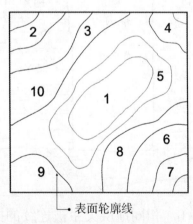

图16 所有堆积都有标记其平面范围的边界轮廓线。地层表面用表面轮廓线表示，它是在堆积发掘之前根据高程记录推算出来的。

---

①边界轮廓线，即考古遗迹单位的"边"，比如灰坑、房屋、沟渠等遗迹单位都有"边"。——译者注

第六章
堆积单位

4. 体积和规模

结合边界轮廓线和表面轮廓线范围,可以确定一个地层单位的体积和规模。大多数地层单位中都含有大量的可移动遗物,或者具有年代、文化或生态意义的遗物。

与这些重复的属性相反,考古遗址的堆积和地层并不同时具有如下历史特征。

1. 层位

所有地层单位在遗址地层序列中都有一个位置,每个地层单位的层序都是独一无二的。这是某地层单位相对于其他单位的位置顺序。这个位置是根据考古地层学规律,通过对地层的解释而确定的,而非通过可移动的人工遗物确定的,因为位置基于地层单位之间的界面关系。

2. 年代

所有的地层单位都有时间或日期,且以其形成的年代来衡量。很多情况下这个时间不能确定,因为它取决于遗址堆积中发现的可以确定日期的人工遗物的数量。发现地层单位的年代是考古地层研究的次要任务。在发掘中,对地层的记录和解释无须即时关注其年代。然而,了解堆积的年代极其有用,因为这可能暗示被忽视的事项,例如,需要取得比常规更多的土壤样本。

地层单位的年代永远不能改变它在遗址地层序列中的位置,但可能与该序列其余部分的年代相反。例如,此类问题可能出现在木料上,因为木料既是堆积又是可确定年代的"人工遗物"。

> 即使在威尼斯和阿姆斯特丹这样的城市,也不能一概而论地认为每座建筑物的上部,无论是砖砌的还是大理石砌的,都比它们赖以存在的地基更现代,因为这些地基通常是木构的,木柱可能已经腐烂,并被一个接一个地替换掉,但对建筑物上部并没有造成丝毫损害;与此同时,这些房子可能几乎不需要任何修缮,而且可能一直有人居住(Lyell 1865:8-9)。

正如赖尔所列举的这类装配式地层单位可能因此被置于比实际年代早得多或晚得多的层位。然而，在发掘中，这个年代不会影响堆积单位的层位关系，究其原因，考古分层仅仅记录其目前状态。尽管经过几个世纪的沉积，但遗址的地层是不断变化的。变化的动力可能是穴居动物（Atkinson 1957）、自然力（Evans 1978；Dimbleby 1985；Jewell & Dimbleby 1966），或是人类的杰作（Atkinson 1957）。此外，正如赖尔所描述的，对整个地层情境进行全面考察，可能会解决这一明显的难题，因为柱础下的泥土将会给出其安放的时间。

考古地层现状是我们仅能做的记录。在这些记录中，也许可以对遗址过去的历史做出解释：首先依据现存的地层材料，其次依据对该遗址的全面研究，从其地形位置到在地层中发现的遗存。遗址的地层不是完全静态的，而是通过多种方式随时间而变化的。

然而，考古地层学家首先需要把兴趣点放在当下发现的遗址地层上。要解释遗址地层并编制地层序列，没必要要求发掘者是研究人工制品或堆积形成过程的专家。正因为如此，我们在此不讨论"形成过程"，但是学生应该了解关于这一主题的文献（例如 Butzer 1982；Schiffer 1987；White & Kardulias 1985；Wood & Johnson 1978）。

显然，发掘者的知识和经验越广博，就越有可能接近事实。考古地层学原理很简单。考古发掘并不要求每一个发掘者都是天才或大学毕业生，只要能做好地层解释和记录工作就足够了。

各个时期遗迹的残存状态是从未经过设计的。因此，在发掘之前，不可能知道任何细节：一个遗址可能包含什么堆积，可能具有什么历史意义等，发掘者必须依靠考古地层的非历史方面的知识来进行判断。正如本著所建议的，这些方面的知识，如同非历史性的地层单位一样，可以机械地记录下来，因为它们以相同的形式反复出现。地层的历史性解释是次要问题，需要通过发掘后的分析以及各种专家的支持才能完成。

本章讨论了三个非历史性的考古地层单位：自然地层、人工地层和直立地层。从历史的角度看，这些地层单位分别对应考古地层各阶段：首先是自然地层，在人类开始制造地层之前，就覆盖着人类遗骸；其次，人工地层出现在人类开始建设之时；最后，直立地层出现在城市生活的曙光初现时。然而，考古地层仅仅是地层历史的一半，各地的大部分地层均被界面和轮廓线分开，这正是当前人们所关注的。

第七章　界面单位

考古地层是地层与界面的结合。虽然人们可以认为地层及其界面（或表面）是一个整体，但在地层学研究中有必要对它们区别对待。另有一些界面是打破地层而非叠压形成的，因此，界面主要有两种类型：一种是地层的表面，另一种是打破现存地层而形成的表面。

在地质学上，它们分别被称为基床（Bedding planes）和不整合面（Unconformities）。地层的表面就是基床，"标记出表层的连续位置，可能是海床、湖床或沙漠，当前形成岩石的物质在其上的沉积"（Kirkaldy 1963：21）。基床等同于堆积的水平铺展，且与该堆积的成型是同步的。不整合面是标志现存地层被侵蚀破坏程度的表面。不整合面本身就是地层被破坏后形成的表面，是重要的地层单位。在考古地层学中，不整合面被称为遗迹界面，基床被称为层状界面。

水平层状界面

层状界面有两种形式：水平和直立。水平层状界面是在一种近乎水平的状态下堆积形成的地层表面，其范围与地层相等，它们和堆积层有同样的地层关系，被视作地层堆积的主要部分而被记录。一个水平层状界面会被记录在标示堆积边界（即界面边界，见图 16，单位 10）的平面图上。水平层状界面的地势或地形是由一系列的高度点记录的，之后可以连线形成轮廓图。当一组界面被定义为主要表面后，它们就组成一个"阶段性界面"。

因为水平层状界面和堆积形成的表面有相同的边界，所以，在标记层位时，通常不必将二者区分开。有时也需要把这类界面中的一部分单列出来并作为独立的单位记录下来。假如，表面的一个区域因某些活动而出现颜色扰乱，而变色是这些活动的唯一证据，此时变色区域应被视为一个独立的界面单位。因为它的大小范围与其下堆积的整个表面范围不一致,也有可能和叠压它的堆积有不同的地层关系。

水平层状界面标志着堆积内部沉积的结束。如果堆积是快速形成的,如建筑废墟,界面就可以看成与整个堆积在同一时期;如果堆积是缓慢形成的,则界面只能看成与堆积结束的最后日期同时期。同理,一个地层界面本身即可代表一个或长或短的时期,这取决于其被埋藏的时间。在这种情况下,因为整个表面不是同时被掩埋的,因此可以认为,层状界面的某个区域作为正在使用的表面的一部分,其存在的时间更长也是正常的。

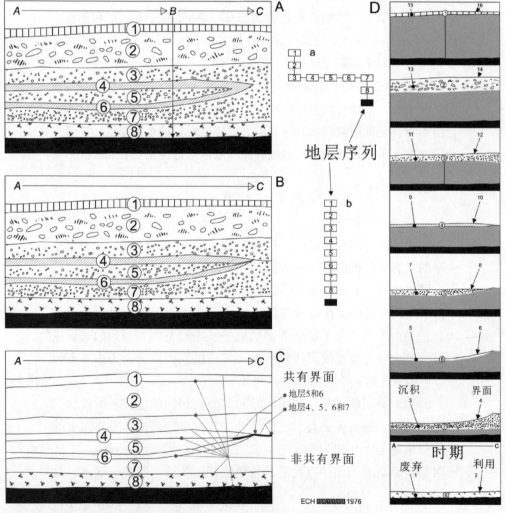

图17 (A—C)考古地层的界面;(D)地层形成的两个重要阶段:即利用(沉积)和废弃(非沉积)。(A图参照 Wheeler 1954:图8)

第七章
界面单位

　　以图 17 为例可以说明其中几个要点。在图 17B 中，根据惠勒的原图，单位③和⑦、④和⑥之间存在共有界面。可以看到，单位①、②、③、⑧不与任何其他堆积共有界面；单位⑦的部分堆积在单位④、⑤、⑥的形成过程中仍存在并被使用；在单位⑤形成期间，单位⑥的部分堆积仍然在被使用。这些通过层层绘制的剖面图，在图 17D 中展示。每个水平层状界面都有可能在其形成之时成为整个遗址阶段性界面的一部分。因此，阶段性界面⑧（见图 17D）由单位⑤的整个表面、单位⑥和单位⑦的部分水平界面组成。从图 17B 中还可以看出，地层序列反映了堆积随着时间推移的沉积过程。

　　从上面的讨论可以看出记录堆积表面或界面的水平范围的重要性。除了显示其轮廓外，水平层状界面最重要的是记录一系列的高度点，据此绘出轮廓平面图。这一问题将在第九章进一步阐释。

直立层状界面

　　直立层状界面是直立地层（最典型的是墙体）的表面。由于是垂直面，它们没有水平界面的轮廓线，通常包含大量作为建筑表面特征的信息。一般体现在立面图上（见图 18）。墙体是三维堆积，因此不能只记录一个外立面，它的任一界面都应保存在记录中。

　　如果你很难理解这一概念，试想你把一堵墙完整地推倒至水平，你就会发现，墙体向上的那个表面和一个普通地层一样受相同的日常地层活动所影响，两者面临相同解析上的困难。也可以在早期墙体的顶部建造墙体，所以如同水平地层那样，直立堆积也会产生叠压（见图 18；单位 4 比单位 1 晚 250 年）。直立层状界面作为一个遗迹，可以比普通堆积存在更长时间，后者在遗址形成的过程中很快便会被掩埋。续接的阶段性界面可能会多次"重复利用"遗址中建筑的直立界面。

　　最近几年对纪念性直立建筑的考古研究大幅度增加。例如，在澳大利亚展开的有关哈里斯矩阵的重要工作，读者可以参考马丁·戴维斯（Martin Davies）的《直立建筑考古》（*The Archaeology of Standing Structures*，1987）中的一篇有趣文章。在马萨诸塞州的老斯特布里奇村（Old Sturbridge Village），一组考古学者已经把地层学原理应用到比克斯比住宅（Bixby House）的研究中（见图 19 和图 20）。其中，

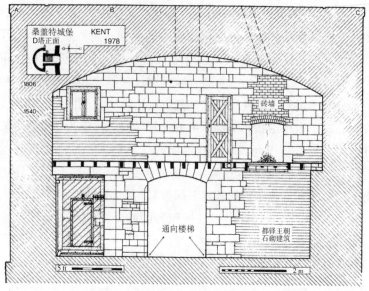

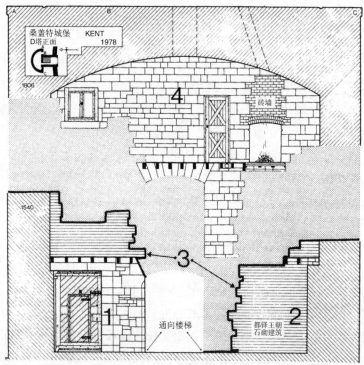

图18 上图是一个英国城堡墙面的复合立面（不同时期）。在下图中，它被分成四个地层单位：单位1、单位2、单位4为直立层界面；单位3为水平遗迹界面，标记着单位1和单位2在单位4施工前的废弃状况。

第七章
界面单位

考古学家戴维·M·西蒙斯（David M. Simmons）提供了以下记录：

> 从1984年到1988年，比克斯比住宅和马萨诸塞州巴雷（Barre）遗址的研究均得益于老斯特布里奇村研究的指导性作用，其不仅促成了博物馆的重建，还对19世纪初新英格兰乡村家庭、社区生活及经济活动的重要变化进行了全面解读。其利用哈里斯矩阵法分析和评估遗址及序居残迹中获得的考古和建筑信息，严格记录考古和建筑领域的地层关系，创造了一个整合遗址使用和变化阶段、地上和地下堆积的完整的遗址矩阵记录。

通过对墙体的直立层状界面的地层分析，比克斯比住宅的房间A如图19所示。所增加的建设，如新窗户或者墙纸等，这些新"堆积"被作为地层序列的一部分展示在图20中。该方法表明直立层状界面概念的价值，以及墙体和其他人工建筑遗迹在考古地层中所发挥的独特作用。

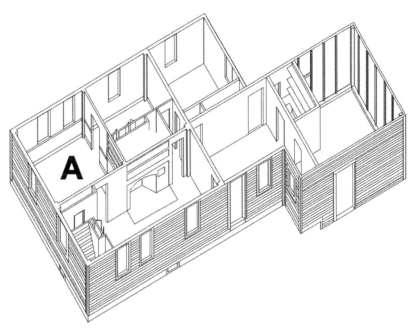

图19 1845年绘制的马萨诸塞州比克斯比住宅的立体正投影。房间A的变化序列用哈里斯矩阵展示在图20中［承蒙老斯特布里奇村（Old Sturbridge Village）的Christopher Mundy、Myron Stachiw和Charles Pelletier提供］。

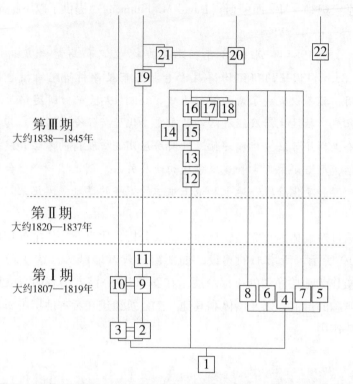

图20 在第Ⅰ期中，比克斯比住宅在原有建筑基础（单位1）之上加固了墙壁和顶棚（单位2和单位3），木制部分被刷成了蓝色、红色和棕色（单位4至单位8），顶棚和墙壁用白灰粉刷（单位9和单位10），并添加了壁纸（单位11）（承蒙老斯特布里奇村的 Christopher Mundy、Myron Stachiw 和 Charles Pelletier 提供）。

水平层状界面和直立层状界面都是堆积表面的表现形式，是叠压而成的遗址地层；另一方面，遗迹界面是打破堆积而形成的考古地层表面，因此在地层研究中必须区别对待。

水平遗迹界面

遗迹界面有两种类型：垂直和水平。这些界面是打破地层而形成的，并生成自身的表面和区域，其层位关系是独立的，不与其他堆积相关。遗迹界面本身就是地层单位，它们与其他地层单位的区别是，具有一套自身的层位关系，并有自己的范围和表面轮廓。

第七章
界面单位

水平遗迹界面与直立地层相关，其显示地层堆积被打破的程度。它们形成于墙体毁坏和坍塌之时，或者建筑物改建期间部分拆除之时，如图 18 所示的单位 3。这些界面的记录通常就像原墙的"平面图"，每块石头都要绘制。它们是某个时期的证据，往往晚于墙体建造的时间，或者显示墙基被再次利用，比如作为后期所建的木构房屋的基础。因此，首先要详细记录这些界面的轮廓，从中可以确定其后期的利用方式。

图 21 中的单位③和⑲就是这类界面。据图瞬间即可理解它们明显晚于墙体的建造和使用时期（单位⑤和⑩）。用各自的编号来确定遗迹界面的重要性是显而易见的，如果把这些界面从图 21 中删除，建立一个没有这些界面的新的地层序列，那么图 22 中第 5 期和第 8 期的主要信息将立刻丢失。

垂直遗迹界面

垂直遗迹界面是通过挖掘坑洞形成的，在大多数遗址中常见，而水平遗迹界面只出现在建筑遗迹中。这些坑可能有多种用途，如沟渠、灰坑、墓穴、柱洞等等。发掘时形成的这些界面，通常被记录为坑内堆积的一部分，而不作为单独的地层单位。这就使地层记录复杂化，原因在于该地层关系通常是由坑内与坑外各层之间的关系组成，并没有考虑到原生界面，也就是灰坑本身。

以图 23 为例。在这个教学插图（见图 23A）中，考古学家界定了两个界面：14 世纪的灰坑——单位 8，以及 2 世纪罗马的灰坑——单位 11。该灰坑内的堆积与灰坑本身耦合是常见的考古实践。在很多情况下，这种关联是可疑的。它忽视了垂直界面是独立的地层单位，因而将坑内和坑外互相连接。在图 23B 中，额外添加了地层单位号，单位 8 和单位 11 也分别被改正为 14 世纪和 2 世纪的灰坑。因此，单位⑱是 14 世纪或更早的灰坑［的确，甚至早到撒克逊晚期（Late Saxon）］，而单位⑲是 2 世纪或更早的灰坑。以这种方式处理灰坑遗迹界面，地层序列（见图 23B）也发生变化。

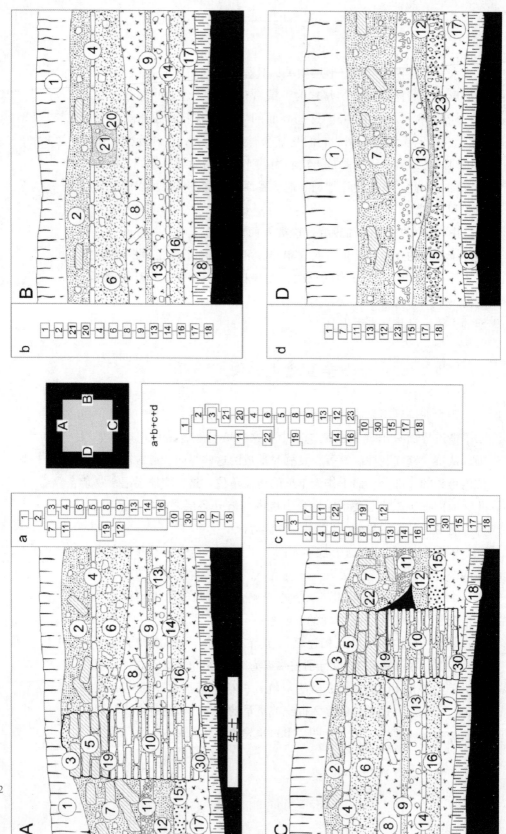

图21 这幅图（和图22）展现地层逐渐形成的过程。A—D四张图分别展示各自的剖面，依据地层连续性原理可以组合成一个序列（a+b+c+d），并删除多余条的关系。

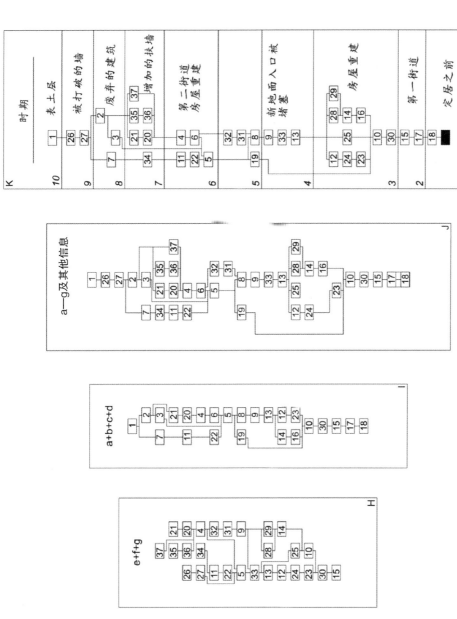

图22 在e+f+g中，将平面图E—G进行了合并，再结合图21中剖面图的数据，该遗址的最终层序为a—g。K图表示其分期。

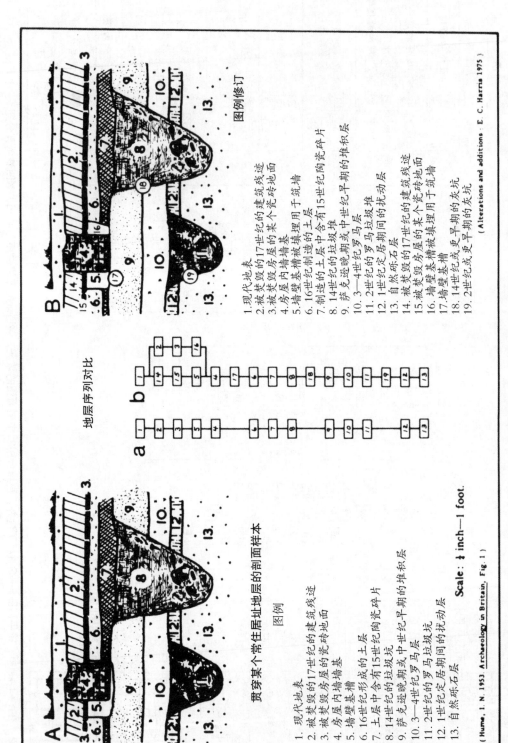

图23 在20世纪50年代,考古学家往往忽略遗迹界面的重要性。例如,左图中的单位8在右图中被分成了8和18两个单位。

第七章
界面单位

  垂直遗迹界面取代了遗址常见的沉积模式。当灰坑被填埋时，其底部地层比坑外其他同时期的堆积要更靠下。因此，坑底地层与其他地层单位之间的物理学上的和地层学上的关系的建立要比灰坑的形成早得多。如果将灰坑的界面视作一个抽象的地层予以记录，那么坑底各层也与该界面相关。应用地层连续性原理，可以使灰坑内地层在遗址层序中处于正确位置。实际上，它们比灰坑的垂直遗迹界面晚，而垂直遗迹界面又晚了挖掘灰坑的最晚期地层。

  垂直遗迹界面也可能被后期的挖掘所打破，从而产生同类型的非历史性的地层单位。让我们以图24中两个相关的墓葬为例。在传统记录中，图24D显示单位①叠压单位②，其地层序列如图24G（D）所示；在图24E中，所有单位的编号都是基于单位①叠压单位②的假设，界面单位⑤叠压单位②和单位⑦，其地层序列如图24G（E）所示。但当发掘单位①时，发现部分骨骸不见了，进一步发掘发现，实际上是单位②打破了单位①，但因为单位②的填土不够结实（坍塌了），导致单位①的一部分滑入并叠压在单位②之上。这样，界面单位⑦打破了单位①和单位⑤（包括单位①的骨骸）。正确的界面单位如图24F所示，地层序列如图24G（F）所示。

  有人会觉得这只是想象中的，不可能在田野发掘中遇到。但是，可能会遇到某地层单位被另一个地层单位叠压，而在地层上却晚于叠压者的情况。比如伦敦地铁隧道的横截面，可能显示出某废弃隧道中填满淤泥却被自然底土所叠压的状况。每个人都知道是怎么回事，但只有将"隧道"本身作为一个界面并赋予一个地层单位编号，才能建立正确的地层序列。"隧道"和任何垂直遗迹界面一样，一直向上延伸至开掘隧道的最新堆积层，比如直至维多利亚公园的地表。

  由于垂直遗迹界面不是地层堆积的表面，而是有自己的表面，因此不能像记录层状界面那样在平面图中记录。在记录层状界面时，通常习惯画出地层组成的具体包含物，这样，平面图就不仅仅是简单的轮廓测量，而是包含土、石等的地层表面。然而，垂直遗迹界面只能画出轮廓，因为除了表层别无其他。垂直界面所打破的地层堆积的组成与绘制遗迹平面图无关。因而，对于遗迹而言，仅需记录它们的边缘或轮廓线。

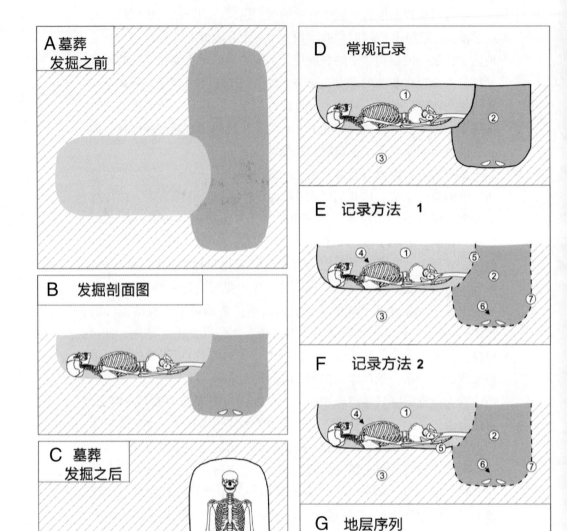

图 24　解读地层单位界面中的问题

第七章
界面单位

时期界面

当若干地层和界面堆叠时,地层堆积体就出现了。如果堆积有一定深度和复杂性,可将其划分为以下几类地层:

> 任何具有某些共同特征的岩石组合,无论其起源、年代或组成,我们可将其分为层状和非层状,陆相和海相,水成岩和火成岩,古代和现代,金属类和非金属类地层(Lyell 1874:5)。

在考古学上,地层可以根据文化、年代——通常被称为"时期"或功能来识别。比如,我们可以分成罗马或中世纪时期,史前或历史时期,建设或废弃时期,每个时期都有一个由若干层和遗迹表面组成的界面。这些界面被记录在考古平面图上,或者在剖面图上以更粗的界面线表示。

时期界面等同于"同一时期使用的地面层的总和"(Woolley 1961:24),这个定义还应包括地面以外的表面,如直立地层的表面。如果一个遗址相对简单,那么,在发掘过程中就能识别出时期界面;在复杂的遗址中,只有分析其发现物以后才能定义时期界面。这些时期可能不会直接反映在人类文化变化中,据说人类文化的变化并非随着遗址"变幻莫测的堆积"而变化(McBurney 1967:13)。然而,正是地层残存状态的变化多端决定了一个遗址被划分为不同的时期,而这些时期又可能与人类文化的不同阶段相关联。

在垂直遗迹界面中,传统做法没有将时期界面作为遗址的真正时期。甚至我于1979年绘制的图(见图22K)也是如此,第1期至第10期仅仅是沉积期,或者说是地层堆积形成的时期。当遗址表面处于静态时,代表遗址使用时期的界面却缺失不见,因此,也可以说50%的地层记录都被忽视了。

以图25为例,分解剖面图以表示一个遗址的时期被划分为堆积期和界面期,二者之间为前一阶段堆积地表的使用期。堆积期用奇数表示,使用期用偶数表示。应该指出的是,堆积期不仅意味着遗址堆积的物理叠加,也意味着地层记录的增加。基于这一事实,垂直遗迹界面被包含在堆积期，也包含在正在使用的界面期。一旦地层沉积，它的内部显然因为被掩埋而"废弃"了，因此，地层堆积仅仅出现在堆积期。

打破界面

在任何被挖掘扰动的遗址，其早期地层和时期的部分表面被破坏了，这些区域即为"打破界面"。它们可以被定义为一种"抽象界面"，记录了遗址某一地层单位或某一时期被晚期扰动或破坏的区域。除个别例外（如 Crummy 1977：图 35 和图 36），这类负向（侵蚀）证据极少被完整记录。在发表时，这些打破界面通常以实线表示，由于很难与真正属于某一特定时期的遗迹界面的轮廓线相区分，多数情况下被忽略了。发掘者根据对被打破界面的原始范围的推测，用虚线画出打破区域。不过，地层记录既有正向（沉积）因素，又有负向（侵蚀或破坏）因素，两者应该被同等记录。

本章和前一章讨论了不同地层单位的非历史性的、重复性的形式。第八章和第九章将重点讨论地层记录的两种主要形式，即剖面图和平面图。

第八章　考古剖面图

考古剖面图是一幅垂直的土壤剖面图，通过切开地层堆积来呈现。地层剖面图显示两项内容：地层的纵切面图和地层之间的各种界面。因此，剖面是遗址地层叠压形式的表达。在剖面图上，只要画出界面，就可以推断出遗址的地层序列。直到今天，考古学家在研究地层序列的相关问题时，还主要依赖地层剖面，但人们对地层剖面的看法又充满了疑虑：

> 剖面图的绘制必须由领队和他的助手完成，因为这是记录中最主观、最困难的部分，却是最重要的证据之一。目前还没有一种真正客观的记录剖面的方法；绘图完全依靠这些图的完整性，因为一旦发掘结束，就无法对其进行核查（Alexander 1970：58）。

在惠勒思想的影响下，剖面图在考古地层学研究中的重要作用不再受到质疑。这一点得到了采用全面揭露发掘的考古学家的支持，比如巴克（Barker 1969）试图在剖面记录和平面记录之间取得适当的平衡。这一改变并没有引发对平面图和剖面图性质或对它们在考古地层学中的重要性进行反思。本章结合考古学针对剖面图的流行观点，对几种早期剖面图进行回顾，随后讨论剖面图的现代类型及其记录方法。

剖面图的早期类型

很多早期的剖面图都是坟丘的草图（例如 Low 1775：图版 XIII；Montelius 1888：图 96）。这些剖面图一般不是地层记录，而是图示坟冢和陵寝的构造。它们是地形图，而非地层记录。皮特-里弗斯（Pitt-Rivers）和他的弟子圣·乔治·格雷（H. St. George Gray）同样采用这样的剖面图。他们的剖面图通常是考古堆积所处地形的记录（Bradley 1976：5）。绘制这些剖面图借鉴了地质学的方法，这些方法至今仍在地质学领域使用（Gilluly et al. 1960：89）。

在"柱状剖面"中可以发现地质学对考古剖面产生的进一步影响。绘制该类剖面图的目的：

> 如果按比例绘制，剖面图可以展示所代表地区的地层堆积和相对厚度。它们的主要目的是对一个地区的地层进行快速核查和综合观察，并与其他地区进行比较（Grabau 1960：1118）。

这些剖面图显示为垂直长条的形式，不同厚度的地层像一副纸牌一样堆叠在一起，代表着某一特定地区的地层序列。这一观念被正式引入考古学，详见卢基斯的文章（Lukis 1845：143）以及兰伯特的绘图（Lambert 1921：图 27）。

基于地质地层大范围、有规律的堆叠，柱状剖面在地质学上具有明显的应用价值。然而，考古地层堆积的范围通常很有限，相距较远的地层之间很少相互关联。因此，柱状剖面在考古地层学中用处不大，但是，它代表的层序观念已得到普遍赞同：

> 剖面的选择既要能提供遗址某处地层的典型垂直观察面，又要能确定遗址的地层序列（Browne 1975：69）。

由于某一地点的地质地层相对简单，柱状剖面几乎足以展示该地区地层的垂直分布状况。在这些简单的剖面中，层与层之间的自然关系（按照叠压定律）与地层柱的时间关系直接关联。柱状剖面通常产生一个单线地层序列，就像考古钻探取样一样。

在发掘中，这种单线层序经常出现在小灰坑填土层中，一个堆积以直接模式叠压在最后堆积之上。这或许是考古学家如此热衷于发掘灰坑和分析"灰坑器物组合"的原因之一，与对待遗址中其他不相干的堆积截然相反。事实上，大多数考古遗址产生的多线性地层序列

第八章
考古剖面图

会使许多地质学家感到困惑。

在复杂的考古遗址中，剖面图并不能代表遗址的地层序列。在这些遗址中，选择一条"具有代表性垂直面的"地层剖面线是极其困难的，因为表面遗迹与其下层遗迹的方向不同。此外，剖面图仅记录某一特定地点地层的自然关系。剖面两端的层位关系并不相同；因而在复杂的遗址中，剖面会给出一个简单的而非代表性的地层图及地层序列。例如，在约克（York）维京人（Viking）遗址的发掘中（Hall 1984），发现超过34000个地层单位。由于许多人口稠密的遗址有着复杂的地层记录，很难找到一个能够代表遗址剖面的独立部分。

将考古剖面图视作遗址显而易见的地层序列，这一观点依然普遍存在。图7就是上述观念的恰当表达，之所以不必陈述各地层单位之间的层位关系，就是认为图中的层位关系是不证自明的。来自灰坑堆积的单线剖面很可能就是这种情况。但是当在遗址中发现其他如直立层的人造地层单位时，发掘者必须阐明所有的地层关系。与灰坑的地层不同，人为地层和界面并不符合地质学常规的叠压原理，因此不能被视为理所当然的事实。

图2中所示的剖面类型是惠勒在第二次世界大战期间发明的。因此，在这些记录中寻找纯粹的地层学动机可能有失公平：

> 现在来谈谈地层编号问题。地层编号显然有必要从开始发掘的顶层向下编号，这样的编号顺序大多与沉积的顺序相反，最晚地层（最上层）是第一层。这种不合逻辑的编排是不可避免的，因为<u>在有小件发现时就必须给其出土层位编号</u>，而不能等到剖面发掘结束后再给。（Wheeler 1954：55；下划线意为强调）。

换句话说，起初给地层编号更多的是为了记录小件遗物而不是地层。遗物要记录其来源，通过给遗物出处的地层编号并将该编号标记在遗物上，就可以解决这一问题。按照地层学观点，记录地层（和界面）就是恰好完成剖面图的绘制。在惠勒关于遗物序号和地层序号的设想中，也出现了单线层序和柱状剖面的概念。

剖面图的目的

直到几十年前,地层分析还与绘制剖面图直接相关。考古学家必须确定土壤剖面中不同地层、墙壁、灰坑以及其他遗迹之间的差异。只有识别出并绘制了界面的分界线,人们才认为地层分析工作结束了。也许是从现代城市考古发掘开始,这种情形慢慢地改变了。例如,在维鲁拉米恩(Verulamium)发现了许多复杂的地层情形(Frere 1958:图3),最终人们认识到,与单纯的剖面地层堆积相比,发掘区内的地层堆积(有别于剖面边界的堆积)对全面理解地层序列更加重要(Coles 1972:202-203)。这些发掘区内的地层关系信息也要以书面形式记录下来。

在现代发掘中,例如由伦敦博物馆城市考古部开展的发掘,其重要的地层资料被记录在预先印制的表格中(如Barker 1977:图46),并且必须作为遗址的主要地层资料。这样做的原因是:该表格的书面记录包含遗址中任何剖面所显示的所有地层关系,还包括剖面图未涵盖的其他发掘区域的地层关系。如果这些资料以书面形式准确地记录了遗址中的每一个地层单位,那么,地层序列的建立就无须参考包括剖面图在内的任何其他资料。

有人主张剖面图已经过时,但是剖面图有一个任何其他方法无法比拟的优势:地层的自然剖面提供了"地形的第三维度,其他两维则由地图提供"(Grabau 1960:1117)。毫无疑问,过去的考古地层学过于强调剖面图的重要性,但并不能够因此就摒弃剖面图,而应该与书面记录和平面图等其他地层记录方法配合使用。

剖面图的类型

考古剖面图有三种主要类型:直立剖面(Standing Section)、偶然剖面(Incidental Section)和累积剖面(Cumulative Section)。最常用的是直立剖面,因为它与惠勒的隔梁发掘法密切相关。在发掘过程中,通过清理相邻堆积而形成直立剖面,可能产生在发掘的主要边界附近或隔梁面上;或者采用垂直发掘形成剖面,用以解决地层问题或分析一个遗迹。通常情况下,直到发掘结束,隔梁会一直保留在原地。此时对隔梁直立面的记录被认为是:

第八章
考古剖面图

这一阶段的任何仓促对整个工作来说都是致命的，因为对遗址主要时期和全部地层关系的解释都以此为基础。当你绘制每一层或每一个遗迹时，它与其他地层的关系就建立起来了（Webster 1974：66）。

有些发掘者很难确定层与层之间的界面，在此情形下，建议他们：

通常情况下，将剖面图倒过来看很有帮助（即背对剖面图站立，弯腰从双腿之间看）；这种非常规的姿势会让你注意到正常视角下难以获得的细节（Atkinson 1946：129－133）。

出于这样的考虑，考古领队绘制剖面图时会从上至下绘制，该方法有一定的弊端。

首先，地层发掘的成功与否完全取决于剖面记录，因此这些剖面图必须从容绘制。遗憾的是，这项工作是在发掘工作即将结束时进行的，此时往往最需要的是放松。其次，剖面图是发掘最后才绘制的，在发掘期间，剖面很有可能已经遭到侵蚀或破坏。因此，已发掘的地层堆积和后来在剖面中观察到的之间可能并没有多少相关性。第三，如果某地层在剖面图中没有出现，那么它在地层记录中也就不存在了。

在惠勒式传统中，网格发掘法隔梁上的直立剖面被认为是"分层的钥匙"（Kenyon 1961：95）。这种记录探方内地层的方法并没有建议将对遗物的记录与剖面记录绑定在一起。如果剖面图是在发掘结束后绘制的，那么探方中被清理的堆积与残存的剖面之间的地层记录差异就会增大。惠勒在其著名的图中（见图26A和26B），对清理直立结构外表的地层堆积表示反对。然而，似乎是他的网格发掘法与探方内发掘的地层的不完全记录的耦合，导致他所反对的状况的发生（见图26C）；也就是说，正是对探方中的堆积层记录不足，才无法与"墙"或隔梁的地层信息完全一致。

偶然剖面是指未经过考古发掘而在建筑工程或其他偶然性切面中显露出来的剖面。考古学家必须把那些偶然剖面从上到下作为一个整体来记录。这类剖面图通常为一个遗址提供了唯一可能获得的地层资料。在不能进行发掘的情况下，这一类型的剖面将一直留存，而对其内部的观察无法通过发掘来证实。它对地层学研究的价值将完全取决于该剖面图是如何绘制的，在下文绘制考古剖面图的过程中将对其进行讨论。

在20世纪70年代，菲利普·巴克（Philip Barker）建议使用累积剖面，作为在遗址上使用隔梁直立剖面的替代方法。他的方法与惠勒（Wheeler 1954：91）偶然使用的方法不同，因为巴克尔对地层堆积进行了全面发掘：

> 在这种方法中，发掘是依照预先划定的线和绘制的剖面进行的。随后发掘会超出这条线，每次当发掘即将到达边界线时就绘制其剖面……它比猜测的剖面线具有更为显著的优势……它可以用来表示特别大型的遗迹的剖面，例如那些在发掘早期阶段隐形的建筑或防御设施（Barker 1977：80）。

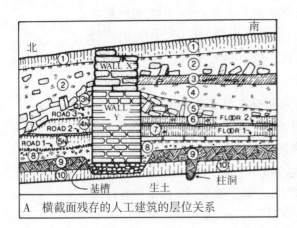

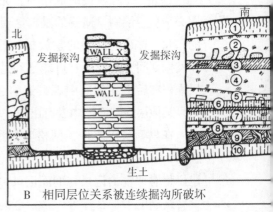

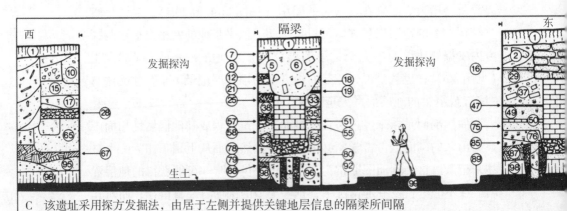

图26　如果去除探沟中的地层，而依靠隔梁的剖面作为遗址的地层历史，应用惠勒网格法的发掘者会陷入图（B）所示的误区。

第八章
考古剖面图

这种方法具有相当大的地层优势。地层发掘就是将一个遗址的地层按照与其沉积相反的顺序进行清理的过程。因此，发掘要遵循地层的自然轮廓和形状，这些都应被记录在平面图上。当逐层清理时，它们也被逐层记录在累积剖面中。采用累积剖面，记录在剖面图和平面图中的地层事实更有可能直接相关。与其他任何剖面记录方法相比，累积剖面更符合现代考古地层学研究的需求。

在遗址上设置一两个隔梁是最理想的做法，因为这样可以在发掘过程中以累积的方式记录直立剖面。这些隔梁可留作其他用途，例如可以采集柱状土壤样品。保留隔梁直到发掘结束的过往解释是：因为"发掘经常会提出新问题，而参照已发掘的可见地层剖面能够解决这些问题"（Kenyon 1962：89）。从地层学上说，这一理由并不充分，因为发掘得越深，隔梁中保存的较上层堆积与较早期遗迹之间相关度越低。有了累积剖面，如有需要，随时可以参考现有剖面图，尽管只是绘图记录。

无论考古学家使用的是直立剖面、偶然剖面还是累积剖面，每种方法的地层学价值都取决于剖面图的绘制过程。

考古剖面图的绘制

格雷厄姆·韦伯斯特（Graham Webster 1974：136-9）定义了绘制考古剖面的三种方法：写实法、格式法和组合法。最后一种方法，顾名思义，就是前两种方法的组合，对现代考古实践没有什么意义。

在以写实法绘制的剖面图中（见图27）：

> 堆积之间的差异用阴影的变化来表示……除了有石墙和生土的地方以外，均不用直线。这种方法的优点是真实，因为图中省略了发掘者未亲眼所见的任何明确区域（Webster 1974：137）。

A 写实法：没有层位号或界面线

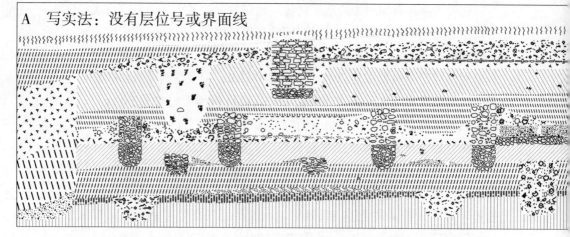

图27　写实法的剖面图，这对于地层学的研究毫无意义，因为它既无界面线也无层位号。

几十年前惠勒（1954：59-61）提出写实方法，这在考古学界引发激烈的论战。争论的焦点是考古学分层中对界面的确认。它们是利用对不同地层的考察和划分而确定的。堆积的范围就是它的深度、长度和宽度的边界线。如果考古学家能辨认出地层，那么他就已经根据这一事实确定了地层界面；如果一个剖面不能按照土质常规清楚地显示地层，那么，它就不可能有界面。如果有确定的分层，就应该包含界面线；如果没有界面线，那么，"写实"的优点只不过是对地层记录不负责任的委婉说法。这是因为，对剖面中地层分层的分析与其说是对地层土壤组成的研究，不如说是对界面的研究。如果发掘者不能在剖面中明确定义分层，那么，分层发掘的性质就会受到质疑。人们可能会问，在发掘过程中能分辨出明显的分层吗？如何分层？这些人工遗物的来源是什么？如果这些地层没有明确划分，那又如何按层发掘呢？

相比而言，格式法的剖面图（见图28）既有界面线又有地层编号（Wheeler 1954：58）。但是，这种格式法因为其界面线而带有"主观性"的危险，即"针对实际情况，只有发掘者的一面之词"（Webster 1974：137）。这一谨慎观念不仅存在于剖面图的绘制之中，也涵盖发掘和记录的所有方面。然而，危险不在于个人解释的主观性，而在于缺乏适当的考古地层学规则的训练。发掘者如何定义地层必须要记录下来，并且剖面图中必须包括所有的界面线。

第八章
考古剖面图

运用格式法绘出的线条必须包含突出显示的遗迹界面，但过去并非如此。图28中的遗迹界面已在图29中说明，且图29中故意省略了其他所有界面。在一般的格式法剖面上，这些地层单位的界面可以用比其他界面更粗的线来表示。如前一章所述，遗迹界面的识别是遗址地层记录的重要组成部分。如果没有这些界面，就无法建立该地区甚至单一剖面的地层序列。

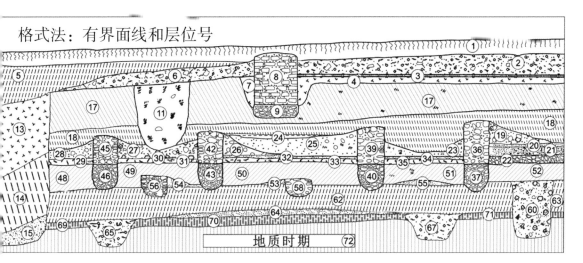

图28 格式化的剖面图，有层位号和界面线。其局限性在于没有对界面进行界定或编号。

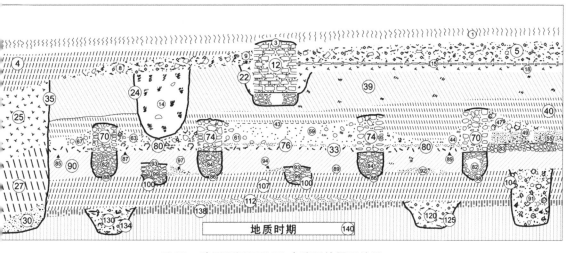

图29 该图强调了图28中遗漏的界面编号。

通过剖面进行地层分层的分析，与发掘者使用的是偶然剖面、直立剖面或是累积剖面的类型无关，因为所有这些类型都可以用格式法绘制。相比之下，采用何种发掘策略并不重要，因为每一位考古学家在发掘中都采用分层发掘。考古学家采取的发掘过程取决于他为发掘项目所设定的目标。如果对使用剖面图进行地层分析不感兴趣，他们可能利用刷子和颜料来画，或任何其他切合其目标的方法。如果要用剖面图进行地层分析，一般情况下只有界面线才算数。因为只有通过对界面线的分析，才能合理解读遗址的分层。

剖面图的使用在考古地层学中被过分强调，而平面图的价值却被低估。下一章将讨论这些问题，目的在于展示考古遗址地层信息研究中平面图和剖面图之间的互补关系。

第九章　考古平面图

人们的兴趣从剖面图转移到平面图，归因于现代全面揭露方法的引入。虽然许多发掘者现在绘制的平面图精确又严谨，但很少有人注意考古平面图的性质和地层用途等诸多方面。对于是采用"格式法"还是"自然法"的平面图均没有争议（见图30），但平面图与剖面图对地层研究同样重要。发掘者甚至把平面图错认为是一种剖面类型——"水平剖面"，该看法不应该大肆流行（Barker 1977：156；Hope-Taylor 1977：32）。剖面图不是垂直面的平面图，而是对地层沿垂直方向分层切开的一个切面。一般意义上，平面图是对外表面的记录，而不是水平视图。

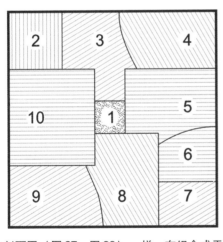
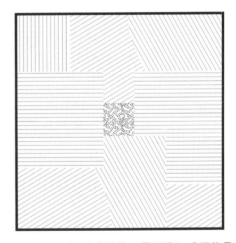

图30　与剖面图（图27、图28）一样，在组合式平面图中，可以标注或不标注边界线（界面线）或层位号。

这个问题可以参考《牛津英语词典》（*Oxford Enghish Dictionary*）中剖面（Section）和表面（Surface）的定义来澄清。剖面图是一幅图画，描绘的是"一个物体在平面上沿与视线成直角切开后的样子"；表面是"物质实体的最外层边界（或其中一个边界），紧邻空气或真空空间"。虽然水平发掘一个考古遗址的表面是可能的，但这样的做法不会产生一个考古剖面（这也是一个值得怀疑的发掘方法）。这样的水平面不是剖面，因为它没有顶面或底面，不能揭示地层之间的叠压关系。

对于考古平面图的实质内容多半没有什么争议，这是因为发掘者更感兴趣的是序列和年代学，而不是地形证据。剖面只包含地层单位的边界轮廓线，而平面图可以同时显示边界轮廓线和表面轮廓线。在剖面上，各地层单位的平面视图展示了完整的边界轮廓线。因此，通过对界面的研究，可以确定各地层单位之间的层位关系。在一个平面中，只有最晚的堆积（即不在叠压关系中的堆积）才会显示其完整的边界轮廓线。由于地层叠压，早期堆积只会部分显露于既有平面的表面。由于边界轮廓线不完整，在复合平面图中很难或不可能推断出各层之间的地层关系。

平面图是对考古遗迹长度和宽度的记录，剖面图则记录厚度。表面没有厚度，因此，平面图是一个界面的记录。一个平面只有一个日期，即构成其部分表面的最晚的地层单位。平面图不显示序列，因为每个平面只是单个界面的记录。另一方面，剖面是遗址的时间维度，显示了一系列地层和遗迹界面连续堆积的顺序。每一个相继的界面都是一个平面的潜在地层。剖面图和平面图是互补的：平面图在空间上显示遗址的地形尺寸，剖面图给出遗址随时间的垂直维度。平面图给出了遗址的长度和宽度，剖面图记录了它的深度，这三个维度由地层序列编织在一起，在考古遗址中代表着第四个维度——时间。

遗迹总平面图

考古平面图有多种类型：遗迹总平面图、复合平面图（Composite plan）和单层平面图。遗迹总平面图与其说是个平面图，不如说是一个遗址所有阶段发现的所有遗迹界面的索引。图31显示了过去几年在波特切斯特城堡（Portchester-Castle）发掘中发现的所有垂直遗迹界面。另一个例子汇集了遗址中所有发现的墙壁（如Hurst 1969：图2）。考古学家们提出有关某一发掘活动中遗迹平面的完整证据，由于平面图代表某个特定时期，因而通常会产生一系列的遗迹平面图。

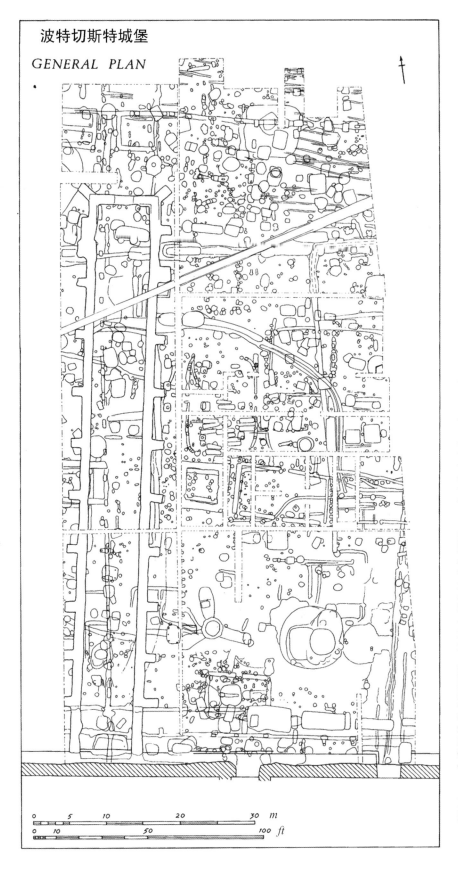

图31 一个常见的考古平面图。遗址上所有的垂直界面，无论阶段或分期，都展示在一张图上。（来自Cunliffe 1976：图4；承蒙伦敦古物学会提供）

这种做法显然有一定的价值，但遗迹总平面图呈现出的复杂性在遗址的任何一个时期都不存在。在发掘过程中也不会有这样的复杂性，因为随着发掘的进行，许多遗迹会被清理掉。如果所有的遗迹都切入基岩中，并且叠压其上的是没有深度的地层，那么，遗迹总平面图可能是有用的。从表土层到下层土，清理过程中所有暴露的遗迹要同时绘制在平面上。但许多遗址的遗迹总平面图都不是这种类型，它们包含遗迹、墙和地层等复杂遗址。

在一个复杂的遗址中，只有忽略了地层平面才能绘制遗迹总平面图，因此它是非地层的平面图。它的出现势必忽略遗迹本身形成之前和形成之后的地层，在这种类型的平面图中，所显示的对叠压关系的强调具有欺骗性，因为叠压的程度已经消失。如果一个遗迹或墙体晚于并叠压在另一个堆积上，就不可能从这种类型的平面图上看出该墙是被打破还是叠压于另一墙体之上，因为缺乏任何直接的地层关系。

据推测，遗迹总平面图从未被认为是地层的主要记录，因此对留存其地层特征可能没什么影响。然而，对于所有考古平面图，应该有一些关于图表绘制的指导方针。或许遗迹总平面图应该仅以示意图的方式呈现，这样就不会出现失实的记录。例如，一个旨在显示建筑物分布变化的遗迹总平面图，应该用方框图来绘制，而不用显示墙壁等真实记录。

复合平面图

复合平面图记录的是由多个地层单位构成的表面，已经使用了几十年，是大多数考古平面图出版时的常用形式。它也是在发掘过程中记录地表的主要方法，特别是在全面揭露发掘方法引入后。其中一种复合平面图被描述如下：

在实践中，平面图应该显示整个发掘面，其中的任何部分都应该由平面图上的某种惯例来表示。即使是表面上没有遗迹的土壤，其本身就是土壤层单位，它的范围能够而且必须被显示出来（Biddle & Kjolbye-Biddle 1969：213）。

第九章
考古平面图

根据这些学者的研究可知，如果在发掘过程中发现了重要表面，就要绘制复合平面图。如果没有识别出重要表面，就不要绘制遗址复合平面图。从这些高质量的平面图（见图32）可以推测，它们的绘制需要大量耐心的工作。除非将发掘工作暂停很长一段时间，否则就无法绘制这些详细的平面图。当然，在某些情况下，如弗罗塞特（Wroxeter，Barker 1975）的发掘，复合平面图可能是最合适的记录方式。

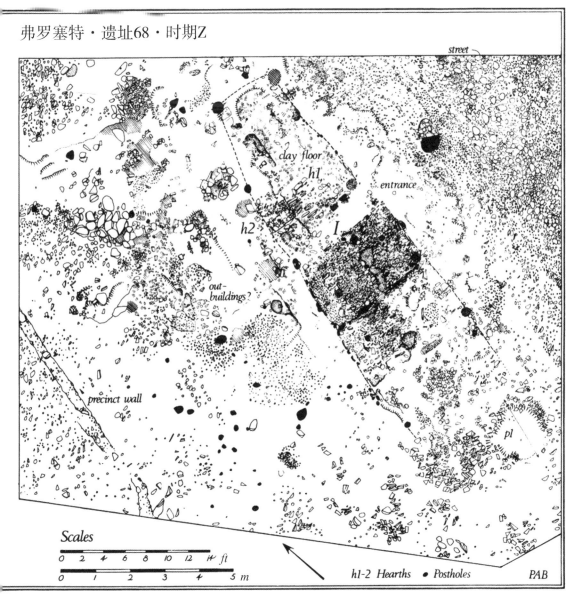

图32 此图是复合平面图的代表，整个遗址的表面都被记录在一张图上。理想情况下，这张图应该表现的这个遗址的主要时期（或是文化最繁盛的阶段）。然而，在发掘中这只能偶尔实现，而且通常要等待遗物的分析结果。

图 33 是复合平面图的另一个示例,这个住宅遗址位于巴布亚新几内亚高地,是由杰克·戈尔森（Jack Golson）领导澳大利亚国立大学（Australian National University）的一个团队在 20 世纪 70 年代末进行发掘的。这个遗址最近一次定居的时间可能在 200 年内,主要的遗迹仍保留在现在的地表,包括房屋周围屋檐下的沟和周边的沟渠。它们打破了一个腐殖质堆积层,该层叠压在生土之上。图 33 中的平面是一个完整的主平面,或代表一个特定的时期,没有叠压层。它不能被分层,也不能归入其他平面之中。它只包含一个时期的垂直遗迹界面,且只有一个水平层状界面,即生土层之上的腐殖质层界面。

然而,很多复合平面图包含许多地层单位,其中很多地层单位的时期比平面图所代表的时期更早。由于地层的叠压过程,大部分地层单位的表面只会出现在一个主要时期的平面上。如果一个复合平面图是"全部发掘表面图",只有那些出露在表面的部分下层单位会被记录下来。

其中的地层问题如图 34 所示,这是一处理想的小型两居室建筑的复合平面,其墙基打破地层单位①至⑩——①号是最早的,⑩号是最晚的,②至⑨号相继叠压。复合平面的问题在于,它们只部分记录任一地层单位下层的地层堆积。如果你把单位②中的单位⑩和单位③清理掉,你会发现只有单位②的一半内容被记录了下来。对于单位⑩,只有大约 10% 的表面出现在复合平面上。如果发掘者在"主要表面"上犯错,即使这个复合平面图是费力画出来的,事后再也无法绘制一个新的平面图。

复合平面图是记录地层单位表面的一种选择性方法。因为很耗时,所以只能在一定的时间间隔内完成。除非复合平面图上未呈现的地层和遗迹单位用其他平面图记录,否则它们的许多地层证据将会丢失。此外,即使是真正出现在复合平面图中的这些地层单位,通常也只记录了一部分而已。

复合平面图建立在某些假设的基础之上：首先,要有在发掘过程中和分析发现物之前就识别出整个"主要表面"的可能性；其次,一个"主要表面"意味着发现了明显的证据,例如地面、墙体、街道或广泛存在的具有明确特征的堆积物（普通土层很难被识别为主要表面）；第三,只有那些构成公认分期的堆积单位才值得记录在平

第九章
考古平面图

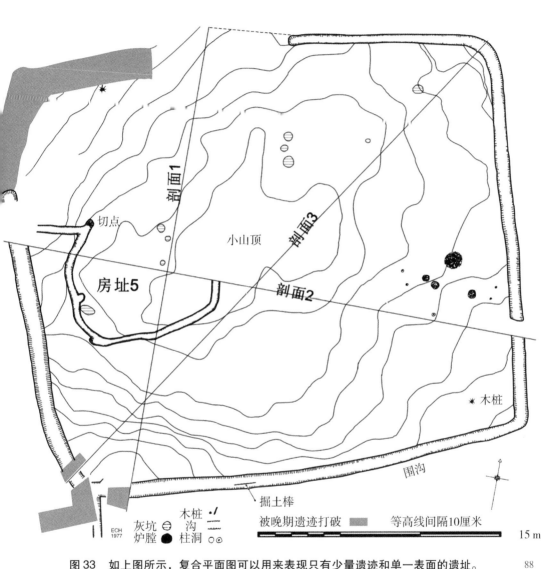

图33　如上图所示，复合平面图可以用来表现只有少量遗迹和单一表面的遗址。

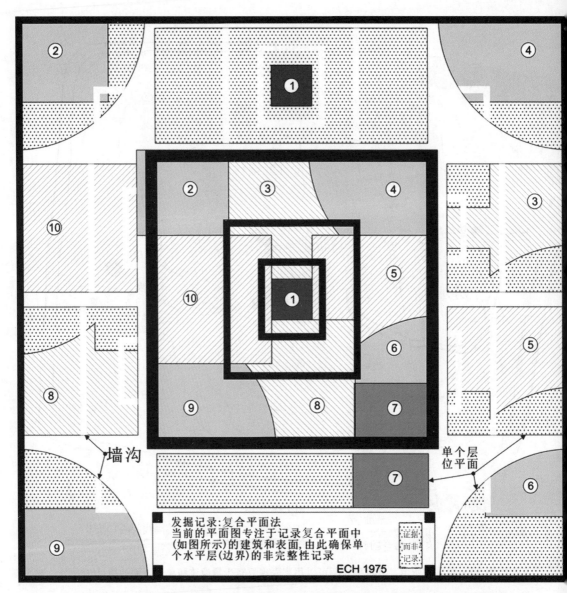

图34 上图中央的复合平面图依照地层单位被拆分成多个遗迹。由于地层间的叠压，各个遗迹单位不能记录在复合平面图上，但这里都能清楚地标示。

第九章
考古平面图

面图中。由于复合平面图理应代表一个"主要表面",因此倾向于将已记录的平面图作为终极平面图或分期平面图,并不做改动地发表。如图33所示的情况应该毫无异议,但是,有大量地层和地形资料的复杂遗址,不应该将复合平面图作为主要记录,因为它们预先判定了一个遗址的时期。

特别要注意的是,这种类型的平面图应该"与常见的剖面图一样详细且灵敏地记录遗址"(Biddle & Kjolbye-Biddle 1969:213),这可能意味着在复合平面图中出现的每一个地层单位的编号和轮廓线都应该记录。但并非任何发表的记录都是发掘实况,特别是就有关堆积单位的轮廓线而言。巴克(Barker 1977:148)提出,在确定遗址表面的地层和遗迹的边界轮廓线时,往往存在困难。如果发掘者不能确定地层单位的界线,地层发掘怎么可能进行?

打破界面的平面图

复合平面图的另一个方面涉及反向地层证据,即打破界面,它出现在平面图上,但在剖面图上并不多见。假设绘制英国一个小镇上的一座罗马建筑的复合平面图,并且假设建筑平面的大部分在后来的几个世纪中被坑洞所打破:被打破的部分就是反向证据,或是那个时期的打破界面,或是那个时期地层的个别地层单位。这一反向证据与残存的墙壁、地层和遗迹界面同样重要,因为它界定了正向地层证据的范围。除了少数例外,这种反向证据并没有显示在复合平面图中,或者被模棱两可地解释。考古学家经常在打破界面上画上各种各样的虚线,表明他们对建筑的原本范围或平面图中的遗迹的假设。这种做法将地层证据的现存程度与发掘者的假设相混淆,结果两者都无效。

在含有打破界面的遗址,应按图35和图36所示的方式记录。这些图记录了科尔切斯特(Colchester)某个遗址的两个连续时期(Crummy 1977)。每个垂直遗迹界面作为正向遗迹仅出现一次,以实线表示其边界轮廓线。在任何较早阶段,该遗迹只是一个打破界面,以不同色调或阴影表示。在稍晚阶段,遗迹界面将会是一个被填充的坑,或者被晚期地层所叠压而根本看不见。

在晚期平面图中（见图35），单位 F 316①和 F 314 以有边界轮廓线的遗迹形式出现：属于平面图所展示的时间段。在早期平面图中（见图36），它们显示为打破界面。单位 F 313 在早期平面图中显示为遗迹，但在晚期平面图中完全没有出现，很明显，它在早期使用并在晚期平面图中被晚期堆积所覆盖。在这个重要的示例中，有一些前后不一致之处，例如，单位 F 202 被认为是一个盗沟（Crummy 1977：71），理应作为一个打破界面出现在两个平面中，但实际上被显示为两个时期的遗迹，这在地层上是不可能的。

复合平面图囊括了打破界面，其整体印象非常好。就像读电影胶片一样，一张接着一张显示图中的遗迹。可以为遗址上的每一个界面绘制一张这样的复合平面图，也就是说为每个地层单位绘制一张。然后把这一系列平面图一张张叠起来，并用拇指向下串起来，结果将是一幅关于该遗址完整地层历史的动态图。

复合平面图是在发掘报告中显示考古分期的一种方式。这种类型的平面图不应该作为发掘过程中断代的记录，因为一个遗址的时期应根据在堆积中发现的人工制品的分析结果来确定。从地层学的观点看，很多遗址的复合平面图可能是无用的记录，因为后期分析或返工均不需要它。单层平面图是满足现代地层要求的唯一方法。

图 37 强调了这一论断。从左到右阅读 A、B 两行，可以看到所获得的"记录样式"是相同的。因为使用了复合（有选择性）平面图，全面揭露和探方发掘的记录方法几乎没有差别。发掘之后，会留下一系列的"关键柱"，这些关键柱的顶部和侧面在剖面或复合平面图中会有所记录。在关键柱内部，很可能几乎没有任何分层的细节被记录在平面图中，但有可能在剖面图中被记录。改善这一弊端的唯一方法是使用单层平面图，因为不管绘制多少剖面图或复合平面图，都无法详细记录缺失的地层细节。未来"分层的关键"不在于剖面图或复合平面图，而在于遗址中每个地层单位的水平面记录。

---

①F 316：F 是遗迹"Feature"的缩写，不是房址的代码"F"，因此，F 316 是"遗迹316号"。——译者注

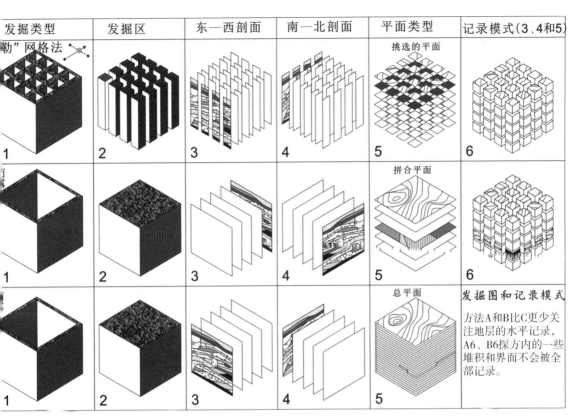

图37 地层的记录方式是由发掘方法所决定的。最好采用全面揭露，并以剖面图和单层平面方式记录（C）。94

单层平面图

如果考古地层中的每层都具有同等的价值，那么每层都必须记录在平面图上，如果可能，也要记录在剖面图上。利用含有每层平面图的档案，可以在发掘后的任何时间绘制遗址任何时期的一系列复合平面图。这种做法对找寻地层遗存及其地形的证据大有裨益。建立此档案的关键就是单层平面图。

单层平面图是考古学家记录每一层地形遗存最基本的工作。这个方法非常简单［由劳伦斯·基恩（Laurence Keen）向作者建议，并与帕特里克·奥特维（Patrick Ottaway）共同设计］。具体做法是：将预先印制的表格（见图38）提供给发掘者，每页只记录一个地层单位，这是要件而非多此一举。要件信息是一组坐标、地层或遗迹的边界轮廓图以及恰当的高程。高程直接标注在平面图上，方便参考。当出现一个新的地层单位时，就要执行相同的记录格式。这种方法记录了每个地层单位的所有非历史方面，它们是重复且普遍的。

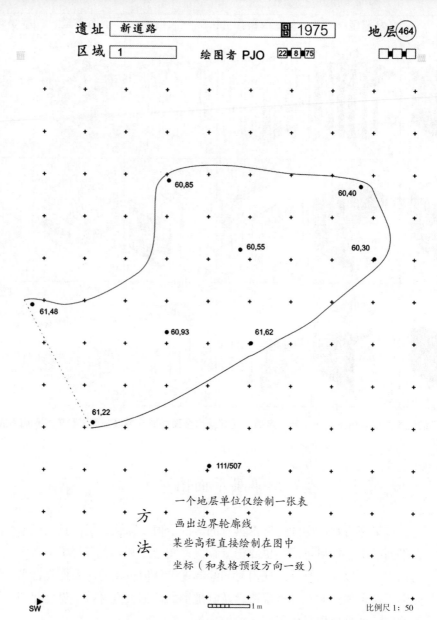

图 38 这张单层平面图是绘于预制的图纸上的，记录了每个遗迹现象的基本数据。

如图 39 所示，最终的记录结果是得到一系列的平面图。根据这些平面图，并根据遗址的地层序列，可以得到从最早堆积开始的一套完整的复合平面图［见图 40。在新路遗址（New Road site）中要特别强调，这个遗址没有重要遗迹，只有土层。因此，在发掘过程中无法识别出主要平面：如果这个遗址没有单层平面图记录，今天就见不到它的平面图］。有些堆积如图 41 所示，是在平面图绘制一段时间后

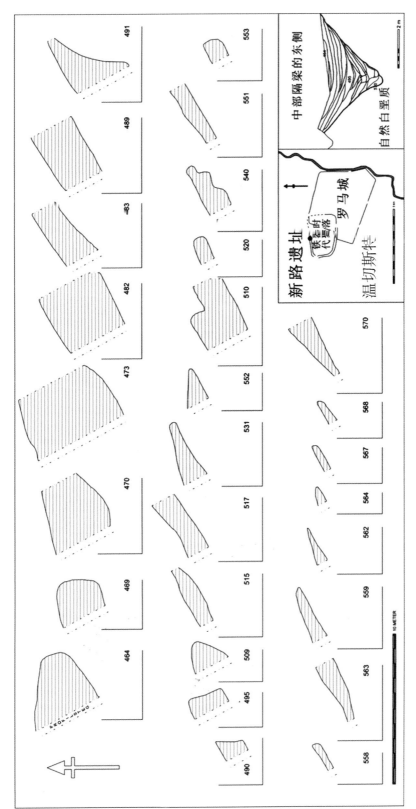

图39 这些是在发掘英格兰Hampshire的史前壕沟时,在其中心隔梁(图41)的一侧出现堆积单位的单层平面图。

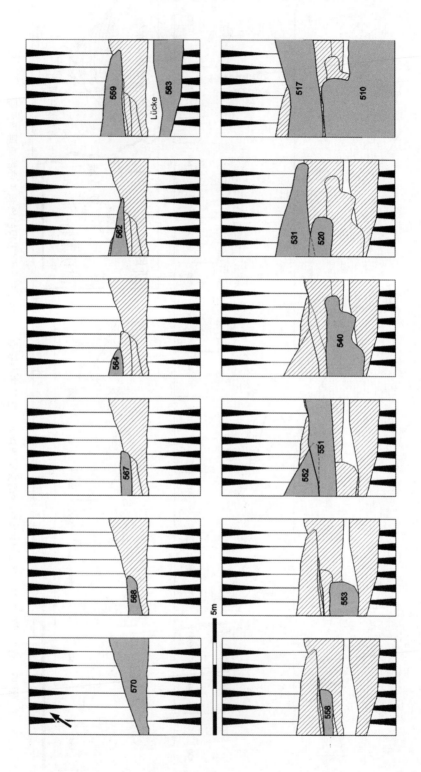

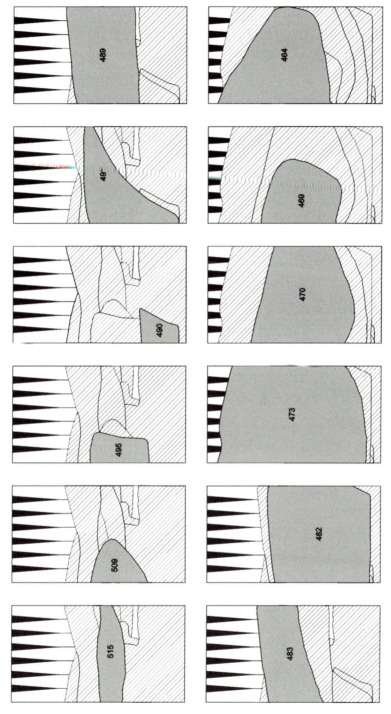

图40 通过图39的各个平面图,可以编制出一系列的组合式平面图。其中,单位570(左上)是该壕沟中最早的遗迹现象,而单位464(右下)是最晚的一个。南面大量的堆积可能表示壕沟的对岸存在侵蚀现象。

才绘制直立剖面的，因此，平面图与剖面图中各层的尺寸可能会有细微的偏差，这种情况在考古记录中很常见，且比许多考古学家愿意承认的比率要高。

通过一系列的单层平面图，人们也可以相当精确地重建遗址的剖面（见图42）。采用任意切线都能实现，因为单层平面图记录了边界轮廓线或水平层的界线以及垂直高度。

单层平面图是地层记录的基本要求。在发掘过程中绘制这些简单但重要的平面图并不排斥更详细的平面图以及更复杂的复合平面图。在大多数情况下，对学习考古地层学的学生而言，在发掘中绘制复合平面图是令人生厌的，它的合成信息应当首先以单个单位记录。这种平面图很少能用于后来的地层分析，因为它们不能分解成地层单位的单独平面图。即使是画在透明描图纸上，也不可能把一个平面图叠加在另一个平面图上来进行研究，因为在平面图上记录的分期界面之间有大量的地层数据丢失了。

一方面，对考古地层的分析必须从每一个地层单位的完整记录开始。一方面，它开始于最小的地层实体——地层单位，并向一般或更复杂的分段和分期方面发展。在具有一系列复杂堆积的遗址，复合平面图与这种分析方法相矛盾。另一方面，由于每张平面图都是单个单位，地层问题很容易通过比较一系列单层平面图来解决。

约克考古信托基金会（York Archaeological Trust）的尼古拉斯·皮尔森（Nicholas Pearson）于1984年发掘了约克郡的General Accident遗址，并分享式地总结了他早期使用的单层平面图法：

> 由于决定发掘的面积较小，并且大家也知道地层堆积很深、很复杂，因此传统的分期图或复合平面图都不是合适的记录方法。对此我有丰富的经验，我知道在这些遗址发掘后的工作中会遇到复杂的问题，涉及频繁出现的不可思议的地层关系，或者记录中的巨大空白。结果导致遗址分期频繁更改，从而拖延了发掘后的项目。
>
> 因此，单层情境平面图被用作主要记录，虽然在剖面中还会绘制一些隔梁，但它们被视为次要记录。在发掘期间，没有绘制复合或阶段平面图。这些都是在发掘工作完成后，用电脑制图和

第九章
考古平面图

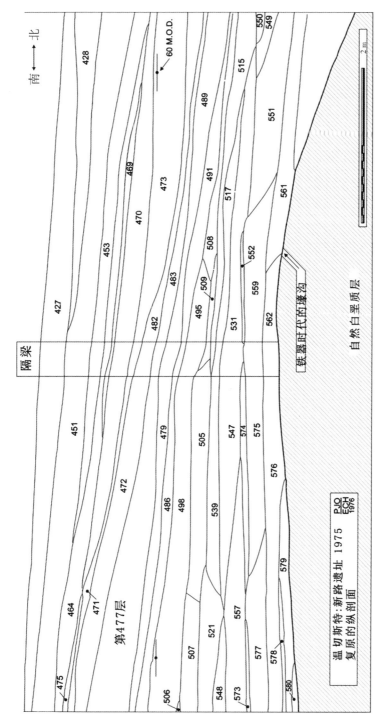

图42 利用铁器时代壕沟的单层平面图（图39）中记录的数据对该剖面进行了重构。它穿过壕沟的中心，因而很容易在遗址任何需要的位置绘制同样的剖面。

数字化器连接到标准的点阵打印机上,并利用特定的PLANDA-TA软件组合而成的。

遗址被划分为边长5米的探方,延伸到两个探方的堆积分别编制表格。这样,每个探方的完整地层序列就可以储存在一起,并与该探方的哈里斯矩阵进行比对。哈里斯矩阵是在发掘过程中编制的,是清理堆积中不可或缺的部分。

除了每个探方的矩阵外,在发掘过程中还须预制整个遗址的矩阵。那些延伸在探方之间和发掘区之间的堆积提供了有用的视角,为后来的遗址分期奠定了基础。

采用这种记录程序,并严格检查不准确之处,以确保发掘后的分析开始时,地层记录是正确的。发掘后的团队立即开始整合年代证据,并将遗址划分为年代不同的阶段,这样各类专家就可以开始工作了。

尽管该遗址包含3500多个考古单位,但团队还是在10周内完成了对它的分期。皮尔森(Pearson)认为,使用单层平面图可以直接提高速度和效率,在发掘和发掘后的工作中均可以节省成本。伦敦考古研究所的布莱恩·阿尔维(Brian Alvey)几年来一直致力于单层平面图和计算机分析地层的工作,其研究很有成效(Alvey & Moffett 1986)。

上述考古学家已经使用了几种不同的平面图,其中大多数是复合性质的。它们所显示的表面由许多地层单位的面所组成。在发掘研究的某些阶段,必不可少地要使用复合平面图。复合平面图的使用取决于遗址的性质和正在绘制的其他类型的平面图。如果遗址几乎没有分层,则复合平面图是首选,也可能是最终的选择。在复杂遗址中,单层平面图是基本要求,此后可以根据单层平面图绘制复合平面图。

在地层和地貌的分析中,最初记录时不能说柱洞、灰坑和墙的平面图比"无遗迹的土壤表层"或任何其他地层的平面图更有价值。如果地层学研究的首要任务是确定一处遗址的地层序列,那么,第二项任务必定是重建该遗址每个时期的地貌。如果可以合理地假设每一个地层单位代表一个遗址历史上的一个新阶段的话,那么,实现我们目标的唯一方法就是在平面图中记录每个地层单位的地貌，因为这些无法记录在剖面图上。围绕复杂遗址所做的工作不够，必然是地层记录中最不负责任的行为。

第十章 相关性、断代及地层序列

考古地层学可以分为三个主要部分：第一部分有关其理论、地层规律和地层单位，第二部分是以剖面图、平面图和书面笔记形成的地层记录，第三部分是发掘后的分析处理。这一分析又可分为两个研究领域：其一主要是地层研究，应该由发掘者来完成，包括地层的相关性过程、地层序列的建立及其地层分期；其二是分析所有可移动的出土物，如木器、陶器和玻璃碎片、骨骼、环境遗存等。本章是关于地层领域的研究，在第十一章将探讨出土物和地层序列之间的关系。

地质学家曾对相关性过程描述如下：

> 地层学意义的相关，就是表明性质和地层位置的相应性。依据所强调的遗迹，有各种不同的相关性（ISSC 1976：14）。

本章从严格的地层学角度探讨考古地层与遗迹界面的相关性。我们所关心的地层间的相关性不是通过其所含遗存，而是通过考古学视角所见的地层特征和地层位置之间的关联性。

相关性和分层

考古学中有关相关性的观点仅见于少数出版物中。其中最重要的著作由凯瑟琳·凯尼恩于1952年出版，且有修订版（Kenyon 1961：123 – 32）。她的相关方法在一篇关于"分期"的文章中得到了进一步的阐述。"分期"这个词现在很流行，用来描述发掘后考古地层的分析（Kenyon 1971）。约翰·亚历山大（John Alexander 1970：71 – 4）发表了第二种分期方法。相关性和分期是地层研究的重要部分，考古学家不能令人信服的原因正是他们极少费事地公布其研究方法。

第十章
相关性、断代及地层序列

凯瑟琳·凯尼恩和莫蒂默·惠勒建立了地层发掘和记录的传统，并且奠定了现代考古地层学理论的基础。他们的方法非常重视剖面图的记录，认为这些是遗址地层解释的关键。他们的大多数剖面都是隔梁的立面。剖面图画好后，有必要说明地层单位之间的相关性。

在凯尼恩系统中，有两种类型的相关性。一是层相关，这些层曾经是一个整体，随后被部分破坏："如果一个地面中断了，必定要找到原因（比如盗沟、水平侵蚀、柱洞）"（凯尼恩1961：128）；例如在一条盗沟对面，该地面相继中断，那么沟两边必定相对应，如图9所示。只有当原始地层的两个或以上部分具有相同的土壤组成，并且在地层柱中的位置大致相同时，才能得出这一等式。这种相关性必须在遗址的发掘和记录过程中进行确认。

地层的局部毁坏使得上述方法非常有必要。第二种相关性方法用在地层关系不可获得时，它们隐藏在惠勒网格发掘系统的隔梁里。在许多遗址中，这些隔梁从未被清理，即使清理了，也不记录其中的堆积。因此，隔梁中的地层细节就丢失了。发掘者必须建立这些隔梁所处空隙之间的关联，该过程如图43所示。例如，在这幅图中，探沟P3中的地层单位4与探沟P1中的单位6通过P1与P3之间的隔梁而相互关联。这种相关性是相同堆积或遗迹之间的简单连接，它们出现在不同的探沟中，在每个区域的编号也不同。P1的单位5与P2的单位4之间的相关性是上述第一种类型，即一个原始整体堆积的不同部分之间的相关性。

在很多情况下，若干单位属于同一堆积是非常明显的，因此，在哈里斯矩阵系统中可以合理地找出不同编号单位之间的相等关系，如图9C所示。除非能绝对肯定隔梁两侧的堆积是同一地层单位，否则它们不应相互关联，或者在地层序列中表现为同一单位。如果这种关系并不确定，那么，最好为每条探沟建立单独的层序。如果对遗物的研究提供了属于同一时期的有力证据，那么，这些不同的堆积就可以归入同一阶段或同一时期，因为这一做法并未改变地层序列。

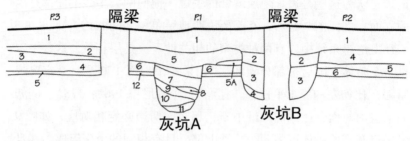

最终分期	工作中的分期		P.1	P.2	P.3	P.4 (图中未显示)
Ⅲb	A	耕土层 灰坑B的填土	1 2 3 4	1 2 3	1	1
Ⅲa	B	灰坑B打破第Ⅲ期棚屋地面				
Ⅲb	C	叠压在第Ⅱ期棚屋和灰坑A上的第Ⅲ期棚屋地面	5	4	2 3	2
Ⅱc	D	灰坑A上部填土	6a 7			3 4 5
Ⅱb	Di	位于灰坑A下部填土之上的炉灶	8			
Ⅱa	Dii	灰坑A下部填土	9 10 11			6 7
Ⅱ	E	与第Ⅱ棚屋共生	5a	5		
	Ei	灰坑A打破第Ⅰ期棚屋居住区				
Ⅰa	F	第Ⅰ期棚屋居住面	6	6	4	8
Ⅰ	G	第Ⅰ期棚屋地面	12		5	9

图43 这是英国考古学界第一幅应用地层相互关系并进行分期的图。它基于对剖面的分析，而地层序列是以列表方式呈现的（Kenyon 1961：图13；承蒙 J. M. Dent 和 Sons Ltd 提供）。

第十章
相关性、断代及地层序列

地层断代

图 43 还显示了地层断代部分,这是编写发掘报告的初步工作:

> 第一步,我称之为分期,就是建立堆积和建筑的序列。首先,这必须完全客观地通过对剖面和建筑的解释自下而上进行。剖面图显示哪些会可以连接在一起……这是一个非常细致的研究,因为所有的地层都必须找到自己的位置,并且所有的墙壁均应合乎一个合理的平面空间(Kenyon 1971:274)。

当研究了剖面并确定"堆积和建筑的层序"后,将层序分为阶段和时期。在图 43 中,从顶部开始用字母标注分段,直到确定整个序列;然后从最早期开始转换为第 I 、II 、III 期(Kenyon 1961:129)。

图 43 中的序列是简单的直线序列。凯尼恩断代法对简单遗址可能非常有效,但对于地层密集的堆积却很难适用。因为它既不考虑地层和墙以外的地层单位,也不顾及剖面图以外的地层资料;它还认为在发掘过程中无法进行相关性分析和断代工作(Kenyon 1971:272)。于是,这项任务在发掘结束后落在了考古领队的肩上——此时已无法再咨询当时负责记录的人。

亚历山大曾主张地层学研究:

> 绝不能委托他人,因为尽管有详尽的记录,但在很大程度上要取决于发掘过程中领队的观察和他的个人记录。对编年时期的初步认识通常是在发掘过程中形成的……领队将通过许多探沟研究这些问题,并且利用广阔区域形成自己对相关性的认识(Alexander 1970:71–2)。

根据这些相关性和探方笔记、平面图、剖面图等地层档案,以及领队的"私人笔记"(Alexander 1970:70),地层研究可以开始了:

在不参考任何文化遗物的情况下，每个主要时期的地层可以被分离出来（撇开任何不确定的时刻），并单纯基于地层构造而建立层序表（Alexander 1970：72）。

亚历山大接着又说，当地层序列表完成后，总会有一些地层不适用，这就是"不确定层"（Alexander 1970：74）。

由于亚历山大在编制这些层序表时只参考了地层资料，因此可以推断，"不确定层"是指与发掘的其他单位在地层上无法连接的一些被记录的地层单位。由于很少有发掘者注意到因记录错误而丢失的地层资料的数量，因此这个问题无法直接回答。但是，对过往发掘记录的检查表明，由于记录不佳，遗址中有许多地层无法分层。有一次，在对一个有数千个堆积的遗址进行核查时，断定其地层数据的损失约达40%，同时在发掘档案中还有数百个堆积处于"不确定"状态。这个百分比仅仅只考虑到实际记录的地层单位，如果把遗迹界面等一些较新的地层单位类型考虑在内，那么，总数值还会更高。

当他们完成地层间相关性比较后，凯尼恩和亚历山大都得出了后者所说的"层位表"。图43和图44呈现了该表格的一部分。图43中，序列自下而上，而在图44中，序列从左至右，因此，最早的地层分别位于底部或左侧。这两个例子都没有说明不同单位之间的地层关系。在凯尼恩的例子中（见图43），地层相关性可以从附录的剖面中推断出来；但是在亚历山大的更复杂的遗址（见图44）中，地层只是按编年顺序出现的地层组。

这些表格应该代表一个遗址的地层序列，但也包括地层序列的分期。建立地层序列以及将序列划分为阶段和时期都是分期的一部分，但它们是相互独立的过程。地层序列必须先确定，之后再进行分期。凯尼恩和亚历山大系统以书面形式将两者结合起来。在凯尼恩的方法中，剖面似乎等同于地层序列。

I	沟32		路6-28		沟4	沟30	5a P13 W
H	灰坑29, 29a, D27a 灰坑J, V	灰坑14, 16, 13, 20, 18, 19, 23, 25, 26	2a, 16				沟14
J	灰坑 T, Z, Y, R, X, K, S, P, O, W, W1	沟11f	房子12			沟6	沟7-11
G	灰坑 26, 26a, 30, 23a	沟17-18-24	院落13-6-17 10a	PH3	PH1-6 1&2		
H1	灰坑30（包括26, 25, 28, 27, 32），23-4	沟17-23 19, 20		11, 13, 15 16	PH 2a 2b		
H2		沟8		4, 9		PH12	
J1	灰坑20（+20a, +18） 16（+17, +19）	灰坑17a	10, 15, 16, 17, 18 P13-14		沟14&11		
J2		沟9-10		沟9-12			
K1		灰坑16	灰坑11, 15a 13, 12	路17 4, 15, 8	12a 13-6 5		
K2			沟21, 22, 23	路17	4 3 6		
L1			沟12a, 11, 12	路 9-4		灰坑14	灰坑（10a, 11, 15, 13, 17, 14）
L2			灰坑 8-6		8-12		灰坑10, 10a, 10F
M2			沟8b 12 10-11 6 8a	棚屋13b PH 13a	棚屋地面 3-4, 7	PH6P (8?)	P3
N1			沟5	PH 18-21 25, 7 a-o	地面 10-3, 8	沟8b（小孩墓葬）	G9
N2		院落15-14	沟28a, 31, 18b, 32, 21, 20			沟6	
Q1	沟21	院落3, 4ab		D7abc 9			灰坑5
Q2	沟10a-b	院落4a-8					
M1	P12?	4ab				沟5	沟5
	PH11						

图44 另一种与图43所示不同的分期法。它从左（早期）到右（晚期）阅读，是一种更加图表化表现方式的地层序列表现方式（来自亚历山大1970；承蒙作者提供）。

地层序列

研究遗址地层的主要目的是产生地层序列。地层序列可以定义为随着时间的推移，遗址地层形成的堆积顺序或者遗迹界面。与大多数地质地层柱不同，多数考古遗址的地层序列不能直接等于剖面所示的地层自然顺序。这些自然关系必须被释读为抽象的顺序关系。

释读的规则前文已经提及（见图9至图12）。首先，必须确定指定地层之间的叠压关系。地层可能没有任何直接的自然联系，也就不存在叠压问题；地层单位之间也可能相关，是因为它们原本就属于同一地层单位的不同部分。图12所示的方法不能穿过隔梁识别相关性，除非能绝对确定相邻探沟的堆积是相同的。

由于地层序列是抽象的，因此可以用文字或示意图来表示。直到最近，文字报告（见图43）或综合图表（见图44）是最受欢迎的方法。相比之下，哈里斯矩阵法可以绘制出能够显示地层序列所有细节的示意图，该过程如图12所示：A部分绘制了遗址剖面中所有地层单位的叠压关系和相关性。例如，单位3叠压在单位5、单位6、单位7和单位9之上；单位7和单位8跨过其间的沟渠而相关联，它们原本属同一堆积，其中部分被地基沟即单位6所打破。B是A部分的图解版，显示所有地层单位的自然关系。应用地层连续原理（见第五章）把B中的多余关系剔除，地层序列变成如C所示；在D部分会看到，有两类地层单位通常不考虑给其"地层编号"。单位2是水平遗迹界面，单位6是垂直遗迹界面。除单位5是直立层状界面以外，所有其他地层的表面都是水平层状界面，但这些界面一般不编号。

约翰·瑞格斯（John Triggs）绘制的图45展示了这一过程，该图出自安大略省金斯顿的芳堤纳堡垒遗址（Fort Frontenac）。这张图是在发掘后绘制的，从底部最早的堆积开始，每一个地层单位都按顺序编号。图左"显示自然和叠压关系的矩阵"被证实对瑞格斯探究堆积的扰动源很有用。该矩阵的目的是鉴别侵入和残留遗存的潜在来源（见第十一章）。图右为遗址的地层序列，是利用地层连续原理阐述的。地层已经排序以便同时期的地层单位能够显示在相同水平带上。

第十章
相关性、断代及地层序列

地层序列被定义为地层的沉积层序和遗迹界面形成的时间顺序。显而易见，遗迹界面不能被发掘，因此地层序列应该在地层发掘过程中反映出来。地层的清理过程与其沉积顺序相反。这样，随着发掘工作的进行，就可以得到哈里斯矩阵式的地层序列。

由于每层都是通过层位发掘清理的，其编号显示在遗址工作站墙上的矩阵图中的地层位置上。矩阵图的绘制按照从上到下或从晚到早的顺序，模仿地层发掘过程。由于发掘是一个缓慢的手工清理过程，每天完成发掘的堆积数很少。领队应尽可能地确保各个地层单位在发掘后不久就能在层序矩阵图中找到其对应的位置。

1978—1982 年间，威廉斯堡殖民地基金会（Colonial Williamsburg Foundation）的马利·布朗三世（Marley Brown Ⅲ）在发掘弗吉尼亚州威廉斯堡（Williamsburg）的佩顿·伦道夫庄园（Peyton Randolph Property）的过程中使用了这种方法。该遗址的地层序列如图 46 所示。据布朗所言：

> 在佩顿·伦道夫庄园的发掘中应用哈里斯矩阵，促进了不相邻遗迹、结构和地层的相关性，并将它们置入一个整体的年代序列中。这一过程可以确定为 11 个连续阶段，可能与庄园家庭记录在案的变迁相关。在威廉斯堡殖民地的大型发掘中，后续运用矩阵系统表明，它是了解地层记录的有力工具，虽然在垂直方向上并不复杂，但是在水平方向上显示出巨大的多样性。

地层序列的分期

凯尼恩和亚历山大都没有指出如何建立详细的地层序列。对后者而言，它似乎只是一个简单地将"明显属于同时代的遗迹和水平层"分组的问题（Alexander 1970：72）。在考古地层学研究中，关于这一重要任务的指导方法非常少，因此，英国最重要的考古学家之一这样说就不足为奇了：

> 难度最大又最乏味的工作就是分期；遗址的所有地层和遗迹都必须按照年代序列排序（Webster 1974：122）。

根据另一本考古学方法手册，有必要指出：

在田野工作期间对每个剖面进行"分期"，这需要领队和遗址区域主管的合作。撇开相邻探方剖面而只对每个探方剖面进行分期是不够的，因为总体结果必须是整个遗址在其每个历史阶段的连贯图像。在复杂遗址中，领队需要准备每个建筑时期的平面图，可能还需要准备每个时期的每个阶段的平面图。只有进行剖面分期才能做到这一点（Newlands & Breede 1976：95）。

分期过程包括两个部分：一是建立地层序列，二是将地层序列划分为阶段和时期。建立地层序列完全基于对诸如界面等地层证据的分析，不需要考虑任何文化或历史材料，并且所有分析都可以在发掘过程中完成。

将地层序列划分成阶段或时期或许会在发掘过程中完成，但是依据对人工制品的分析，该序列可能会发生变化。地层和界面依据其区域地层位置划分成组，称为"阶段"（见图47）。如果没有诸如建筑层或沟渠剖面等结构性标志，对地层序列进行分期可能需要等待人工制品和可确定年代遗迹的分析结果。

划分阶段应遵循地层序列的制约。因此，可以建构出具有大量有效地层的"阶段序列"，如图48所示。然后，这一阶段序列可以被组合成称为"时期"的大组合。这些时期本身也可以用所谓的"时期序列"图表来描述（见图48）。图47和图48概括地说明了这一过程。但是，鉴于下述原因，依照本著提出的理论，这些图并不正确。

考古地层是地层和界面、叠压和非叠压（或侵蚀）的问题。地层序列分期必定有沉积期和非沉积期，简单而言，就是在一个遗址上有时会有诸如挖沟到建房子之类的人类活动；而在其他时间，地面只是简单地用于日常活动。大多数考古学家只是默认了这些界面时期，这也正是以每个遗址的复合平面图来描绘的。他们的"分期"主要是沉积期，即地层内部和可移动遗物的沉积期。这些阶段和分期如图47和图48所示。这些图是在分析遗址出土的人工制品之前绘制的，因此，它们不太可能代表最终的分期。

第十章
相关性、断代及地层序列

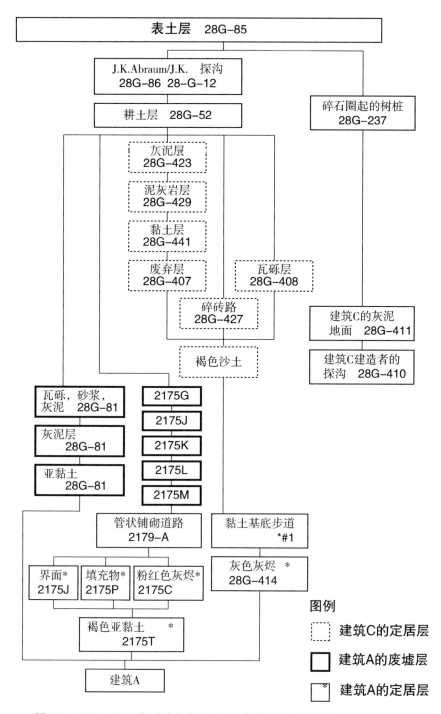

图46 1978—1982年威廉姆斯堡殖民地的佩顿·伦道夫庄园遗址（Peyton Randolph site at Colonial Williamsburg）的地层序列（承蒙Marley Brown Ⅲ 提供）。

第十章
相关性、断代及地层序列

图 25（图 29 剖面分解图）指出在划分地层序列时应采用两类阶段或时期方式。奇数为沉积时期，偶数为非沉积时期。剖面最能代表沉积时期，平面代表非沉积时期。因此，在图 25 中，只需要 1 个剖面图和 12 个平面图就可以展示遗址的基本地层信息。

虽然在发掘过程中可以对地层序列进行分段和分期，但这种划分不应被认为是最终分期。当需要修改时，必须比照遗址所有其他研究结果。这些修订不能改变地层序列本身，因为该序列仅仅建立在地层关系基础上。方便的时候就尽快开始分期，不过，完成分期则要等到对发掘出土遗物进行分析之后。

以图 45 至图 48 所示的地层序列为例，有必要对任意发掘法做一个总结。当一个遗址采用任意水平层发掘时，将会与其他遗址一样产生一个地层序列。假定我们正在进行 9 个相连探方的发掘，每个探方均以 10 厘米为一层向下发掘，每个探方的发掘层独立编号。该遗址约有 50 厘米深。地层序列结果如图 49 所示。

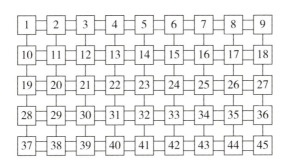

图 49　任何一个依照任意地层发掘的遗址都能产生上图这种地层序列形式。

每一水平面上的 9 个 10 厘米厚的小单位都是相同的一层，因此在既定的水平层上的序号必须是"相互关联的"。共有 5 个连续的地层叠压并按照层序显示。但这完全是发掘者制造出来的序列，没有任何独立的参考价值。考古遗址的地层学序列是一个独特的形态结构，因为每一个遗址都具有独特的历史情境，尽管地层单位本身的形成是非历史性的反复。任意性发掘会破坏这种特有的形态结构。任意性发掘所产生的地层序列列表都是一致的，无法加以区别，更谈何划分时期呢？它们也没有常规地层序列所具有的分析价值，因为后者是对过去发生事件的无意纪念。任意发掘的地层序列永远都是铁板一块,对于在任何具有明显分层的遗址上工作的每位考古学家而言,都会为这一结果感到汗颜,而且这几乎涵盖了世界上所有的遗址。

建立地层序列和对其进行分期是考古学家最重要的工作任务,是他们对地层最基本的解读。这些任务被推迟到发掘之后进行,使得很多考古学家在发掘过程中忽略了地层学问题,这最终可能导致地层学资料的记录错误。这样会直接造成发掘报告迟迟不能出版或者根本无法出版;针对新的争议和研究目标,这些地层学档案对今后的再研究和反思作用甚微。如果对地层序列的理解不透彻,那么,也就不能理解针对与此地层序列相关的人工制品的分析。

第十一章 地层序列和发掘后的分析

本著重点强调考古地层分析就是对界面特征的研究。这项研究会直接产生两个结果：遗址地层序列和复原遗址地貌随时间的演进而发展。许多界面就是地层的表面，其中含有很多种可移动物品。对这些自然或人工遗存的分析，为一个遗址的地层序列和地貌特征提供了文化、环境和年代学意义。换句话说，研究地层的非历史性单位的内容或构造，为这些遗存提供了一个历史的方向。但是，人工制品本身具有非历史性和重复出现的属性，这正是当下要讨论的。

遗存的非历史性方面

对地层中所含遗存的分析必须以遗址的地层序列为基础，因为它显示了遗存出处的相对位置。地层序列的建构并不参照所含遗存，对人工制品的研究并不能改变地层序列中的层位关系。由于未能区分地层事项和人工遗存之间的差别，因而出现了公认的几种错误的地层类型，本章稍后对此进行讨论。在此首先探讨遗存的非历史属性。

地质学家识别出地质地层中的三类化石：

> 来自同一时期的岩石中的化石经常被侵蚀、搬运，并再次沉积于较晚的沉积物中。这样再沉积的化石可能夹杂在原生化石中……某些情况下，岩石中可能含有比其原包含物更晚期的化石（ISSC 1976：47）。

这些较晚期的化石可能是由流体的向下运动或掘穴动物的活动而渗透（Infiltrate）到早期地层的（ISSC 1976：47）。

同样的，考古学也可以界定几种非历史性的或反复出现的遗物类型。

1. 原生遗存

这些遗存产生的时间就是其出处地层堆积形成的时间。地层和遗物是同时期的。

2. 残留遗存

这些遗存产生的时间远早于其出处地层堆积形成的时间。它们可能存在于早期堆积中，随后被挖出来作为新地层的填土。又或者是作为传家宝流传了很长时间。

3. 渗入遗存

这些遗存产生的时间晚于其出处地层堆积形成的时间，并通过不同方式被带入本层。所以该类遗存并不确定能否通过地层研究加以识别。

原生遗存的发现显然是最重要的，因为它们可以确定其出处堆积的时期。除了人工制品外，木材或贝壳等自然物也可以测定年代（见图51，放射性碳测年）。人工制品分析的主要问题是确定堆积中哪些遗存是原生的。在此分析中，地层序列的建构模式具有不可估量的价值。

考古学家们用"残留"这个词来代替地质学术语"再沉积"。它的词源有些模糊，大概是基于人们将这个词普遍理解为具有一定数量的物品，遗留自一个原生的物品组合或物质主体。残留物被认为是原产于早期堆积中的物体的残留，或者在同时代的堆积形成后仍旧使用很长时间的物品。这个词也许不像"再沉积"那么精确，但它有一定的通用价值，应该可以被接受。

菲利普·巴克（Philip Barker）在他的《考古发掘技术》一书中对残存陶器进行了有趣的研究（Barker 1977：177），并附了一张图展示在地层序列中原生遗物的"输入点"和残存遗物的发生点。书中虽然很少提及渗透的遗物碎片，但从理论上讲，碎片渗入可能是一种更普遍的现象。在一个遗址中，晚期的挖掘越少，就越少有物质能找到输往地表的通道而成为晚期堆积中的残留物。由于重力作用,各种各样的物体都受到向下运动的影响,当然,这取决于地层的不同构造。

在许多堆积的发现物中,残留物往往占多数。特别是在城市环境中,人们的挖掘活动将物品带入地表的速率本身就是一场地层学革命。在自然条件下,残留物从地层中被侵蚀出来,并在重力和其他外力作用下向下被带到新的位置。考古中所见的多数残留物,当它们被向上携带到新的沉积位置时,已足够与重力影响抗衡。

在考古学中,混入物品通常指的是"污染",就像污物污染了纯净的化学或生物样本一样。言下之意是,探方发掘者若发掘不当,某一层所获的遗物被"污染",就会造成较晚期物品混入早期堆积中。发掘错误或对遗物进行分类和清洗中存在错误,以及遗物"渗透",均会导致"污染"且存在于很多堆积中。但在通常情况下,考古学家仅能识别出那些明显的种类,如硬币或众所周知的陶器类型。正如地质学家所提出的(ISSC 1976:47),很多类型的环境样品在地质地层中很容易穿过一层又一层。在大体上松散的考古地层中,像花粉这样的微粒应该更容易发生这样的移动。丁布尔比(Dimbleby 1985)对环境物品的研究,以及希弗(Schiffer 1987)对人造物品的一般运动的研究,均包含对遗物以何种方式混合进入地层记录的重要论述。

颠倒的地层

人工制品的再沉积被错误地定义为"颠倒的地层"(Hawley 1937)。其论述如下:当在考古地层中挖坑时,挖出的泥土以与挖掘相反的顺序堆在附近,即把挖掘点最下部的泥土堆在土堆的顶层(见图14)。结果是,原地层堆积最上层的人工制品会来到土堆的下部,即原地层下层早期堆积的下部。因此,有人认为,地层已经上下反转或颠倒过来:

  因此,遗憾的是,我们几乎不能说,一个未受扰动的土丘底部的物品一定比顶部的物品更早(Hawley 1937:298-9)。

一些考古学家（如 Heizer 1959：329；Browne 1975：99）已经接受了颠倒地层的观点，这建立在被颠倒的固化岩石的地质学观念之上。

当地质地层整块被倒转或"颠倒"时，尽管地层序列可能被改变，但是它们很少会失去其原有特征，也不会形成新的地层。一旦地质学家确定地层发生了反转，其层理就要颠倒过来解读。在考古过程中，处理的是松散的地层，对早期堆积的破坏往往会产生新的地层。在考古学的"颠倒地层"中，按编年顺序颠倒的是物品而不是地层，因为地层已经被破坏了。只有当发掘者能够鉴别并确定遗物的年代，这种颠倒地层才能被识别出来。在上述举例中，考古学家只能说，所有的人工制品都残留在新地层中相反的层位。如果颠倒地层学的支持者的论点符合逻辑，他们必定把所有的发现物都视作原生物。由于颠倒地层学不是基于对土壤的研究，而是建立在完全不考虑土壤中所含遗存地层情境的基础之上，所以对考古学价值不大。颠倒地层学只是对鉴别考古堆积中的原生、渗入和残留物等问题的老生常谈。这不是真正的地层学原理，应当被考古学摒弃。

遗物的记录

无论人工制品是原生的、渗入的或残留的，都不会影响考古发掘过程中对它们的记录。实际上，如果之后才区分人工制品的性质，就必须以同样方式对其进行记录。惠勒（1954：70）认为，对人工制品发现点进行记录的主要方法是三维记录。在三维记录中，两个测量点按遗物出土点的地形定位，第三个点以遗物出土点相对固定基准点（如海平面）的水平位置定位，遗物出土点因此在空间中固定下来。根据地层学方法，遗物被置入相对时间序列中，即分配到它的出土层。当遗物的出土地层可识别时，相当于给出了堆积的层数，这也将遗物的空间位置框定于堆积之中。遗物的时间范围则由堆积在遗址地层序列中的位置而确定。

有些发掘者认为，某出土层第三维高程也是其时间维度。出土于相同高程的遗物被认为是相同时期的堆积。在一幅著名的绘图中，惠勒谴责这种做法违背了考古地层学原理（Wheeler 1954：图11）。但这一思想被采用任意发掘法的考古学家们奉为圭臬，他们按照预先设定的发掘层尺寸进行发掘。人们假定这种"定量层"代表了埋藏物的时间维度,并且出土于某一水平层的所有物品都是同时期的。这种发掘方法被称为"定量地层学"(Hole & Heizer 1969:103–112),并在第十章中被论述为"任意发掘法"。"定量地层学"是一个错误的称呼,因为这个概念并非基于地层学,而是基于一种发掘方法。但是,当用发掘出土的深度来判断人工制品出土层的时期范围时,就会产生如图50所示的困难:任意发掘把来自不同地层的遗物混合在一起,因此无法挽回地打乱了它们的地层和年代关系。任意发掘使人们不可能以任何地层的有效性来判定所发现的遗物是原生的、残存的或渗入的。由于搞混了地层,似乎所有的遗物都变成了残存物,因为发掘者只不过是以任意形状制造新堆积而已。

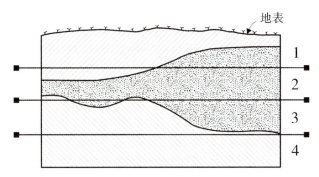

图50　如图所示,如果对成层遗址以随机层进行发掘,不同层位的遗物将会被混淆(参照 Deetz,1967:图2;承蒙 Doubleday 和 Co. 提供)。

在地层学方法中,所有的人工制品均通过层位号记录,而三维记录通常专门用来记录特殊发现。一旦记录,遗物的时间及其出土层位的最终时期就必须确定下来。

遗物和地层的断代

没有对考古层所含遗存进行考察,就不能确定该层本身的年代。分层就是将地层按顺序排列,称为地层序列,编排层序是发掘者的主要任务。一旦确定了地层序列(见图51),就可以推断出各层所发现的人工制品的年代,进而推算出各层的形成年代。

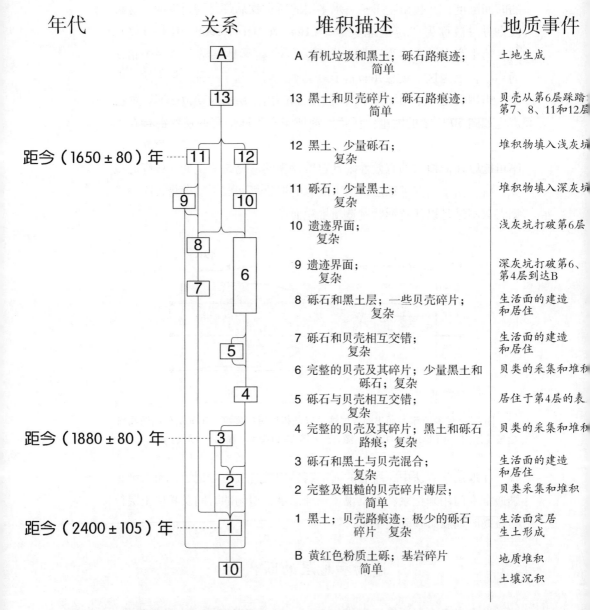

图 51 加拿大新博朗斯维克省（New Brunswick）帕特里奇岛（Partridge Island）贝丘遗址地层序列的划分。放射性碳测年数据给出了堆积序列的时间标尺，并对地层堆积进行了描述和解读。这进一步证明了哈里斯系统的价值，它能应用于先前很多考古学家在使用地层学方法时束手无策的遗址（承蒙 David Black 提供）。

第十一章
地层序列和发掘后的分析

出自考古堆积中的一件人工制品或自然物品有多个年代：

> 它有一个起源日期，即当它被制造之时；它还有一个有效期，即它的主要使用期，最后，它还有一个沉积日期，即当它有意或偶然地被埋入地下之时（Dymond 1974：31）。

根据物品在其出处地层中停留的时间，可知物品是原生、渗入或是残留的。在确定地层年代时，考古学家最常使用下列指南：

> 最晚的物品与地层本身的时期最接近，换句话说就是它给出了地层年代的上限，这意味着地层的年代必定晚于这些遗物的制造年代（Dymond 1974：30）。

这一原理基于这样的假设，即地层能够被任何稍后的侵入所封存（Barker 1977：175）。

重要的是，发掘者要区分遗物之间的差别：原生物品与堆积形成的时期最接近，而另一些较早期的残存或较晚时期渗入的物品则不然。这项工作的困难是不容低估的，巴克（Barker 1977：171-178）最近对这个问题做了极好的论述。

一旦对出自某单一堆积的遗物进行研究，必定会将它们与地层序列中的其他遗物进行比较。与出自上面地层的遗物比较之后，较早堆积中的遗物可能显露出堆积中的原生物；叠压层的遗物可能显示出所有来自其下层的残留物。图52就是该问题的例证，图中仅研究了连续阶段所见硬币的时期。如果将第6阶段中的565年作为准确时间，那么第7、9、15和27阶段中的硬币就都是残留物。如果对每个阶段单独进行研究，那么，它们的时期就是其中原生物所反映的真实时期。最常见的是，将出自同一个堆积的发现物孤立于该遗址其他地层的遗物之外进行研究，其结果往往是错误的。

人们可能认为，确定遗物和其他遗存的年代是可能的，并且确定遗存出处地层的年代是可能的。同时，也可以从地层之间的界面推断出年代。例如，一个灰坑的时期将会处于挖掘该灰坑的最晚期地层之后，而在灰坑最早期填土堆积的时期之前。以这种方式对遗址的堆积

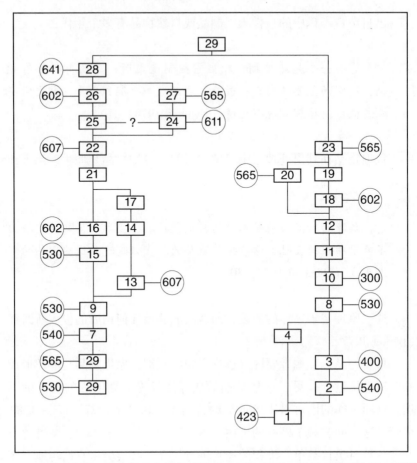

图52 应用于人工制品分析的"阶段序列"模型,在此以钱币为例。圆圈中的年代是该阶段最晚期硬币的年代(依据 Harris & Reece 1979:图4)。

进行研究,地层和界面的定年能促使发掘者识别出无法从地层证据中推断出来的阶段和时期。

"水平地层学"

遗物作为断代证据导致了又一个错误的考古地层学类型的发展:

> 青铜时代装饰奢华的墓葬和青铜时代晚期富裕的瓮棺葬墓地……可以以水平层为基础进行断代(Thomas & Ehrich 1969:145)。

第十一章
地层序列和发掘后的分析

地层学的基础就是地层和界面的叠压。更准确地说，就是缺少叠压关系的遗址，只能依据堆积中所含的人工遗物来进行分段和分期。以人工遗物为基础，考古学家或许能够呈现缺少叠压地层证据遗址的利用区域的变迁过程（例如 Eggers 1959：图 5）。如果没有"水平地层学"这种错误说法，遗物相关性的研究通常在发掘后的分析中进行。在许多发掘中，灰坑和遗迹并非通过叠压直接相连，而是被一些水平区域隔开，而且这些遗迹在遗址地层序列的不同部分都有各自的位置。如果要将遗迹排列到相同或不同的时期，则必须根据该遗迹内的填土层及其所在地层中包含的人工遗物对其进行分期。"水平地层学"就是常规人工制品分析实践中的误称：它并不是地层学方法，也不应该这样表述。

人工制品研究的主要目的是确定单个地层和遗迹的时期。通过这种方法，相应的地层序列可以与人类历史编年联系起来。没有人工制品提供的定年标志，考古遗址的地层序列就没有什么历史或文化价值。

在一个遗址中，考古分层为发掘者提供了地层、构造和地貌信息。在地层中出土的人工遗物和自然遗物则为这些信息提供了历史的、环境的、文化和年代的参数。一旦遗址的地层与人工遗存之间的对应关系得以建立，其结果就可以与其他遗址的历史发展相比较。在这一更广泛的研究中，一个遗址的单个地层作为土壤沉积，与其他遗址的地层相比没有什么价值，因为这仅是堆积中非常局部的特征。准确地说，正是人工制品把不同遗址的历史联系起来。开展人工制品对比的有效性取决于地层记录的质量。从考古地层学的观点来看，发掘者并没有为那些致力于遗址地层中遗物研究的人员提供良好的地层标本。近几十年来，考古地层学发展的欠缺阻碍了对遗物的研究，因为遗物研究专家们很少能得到完美的地层记录作为参照来检验他们的研究。这一检验主要缺失的部分是由遗址地层序列所提供的，但是在 20 世纪 70 年代之前，还没有出现以简单方法来说明遗址地层随时间进程发展的四维模型。

人工遗物和地层序列

考古遗址可能既有单线的又有多线的地层序列。单线层序遗址是指其中的地层单位形成编年事件的单一链条，就像一副叠加起来的扑克牌。由于人为地层的种类繁多，因此可以肯定的是，单线层序的考古遗址只是例外而并非常规。一般来说，大多数遗址都具有多线层序。每一个多线层序都由一系列单个的单线层序组成，互不相连的灰坑中的一系列堆积所形成的层序即是如此。通过对人工制品的研究，将这些单线序列及其地层单位与多线层序中的相似层序进行对比，就会出现一个地层排序。为了阐明地层层序的排列对考古学的意义，也许当下很有必要对这些概念加以界定。

1. 单线地层层序

这类层序产生于当地层单位层序完全可以根据它们的叠压顺序来确定之时。此时，单线地层层序中地层单位的相对顺序不可改变（除了观测或记录错误，以及仅依据地层证据而决定修改的以外）。

2. 多线地层层序

这类层序出现在当某遗址的某些地层单位的层位不能根据叠压关系而确定之时。遗址的地层层序在其相对时间框架内发展出不同的演化线，这些不同的演化线可能分别发展为单线层序，直到稍后的地层事件叠压于这几个层序之上，才结束其各自独立的演化。因此，一个多线层序通常由一系列相互无叠压关系的单线层序组成，多线层序中不同部分之间的年代关系，就必须通过分析非地层资料来确定。这就产生了对不同编年区间的多线层序的排列。

3. 多线地层层序的排列

《牛津英语词典》将排列定义为"改变一组线性排列事物顺序的行为，其中每一种不同排序均能够成组"。在考古学意义上，排序被定义为不同地层序列中的地层单位的年代顺序变化，每一种排序中的地层单位能够成组，并且与地层关系记录不相矛盾。

第十一章
地层序列和发掘后的分析

地层排序的概念与多线地层层序的分析相关联。在多线层序的各个部分（即独立的单线层序）之间，有可以进行分析和排序的余地。地层排序的观点是由达兰（Dalland 1984）独立发明的，读者可参看他的文章和我的答复（Harris 1984）。

如图 53A 所示，是以常规方式绘制的一个假想土丘的剖面图，该遗址的地层序列如图 53F 所示。这是一个多线地层层序，有四个分支，其中有很多单线序列，从晚期到早期如下所示：序列 A：1、2、3、4、7、13；序列 B：1、2、3、4、10、11、12、13；序列 C：1、2、3、4、10、9、8、13；序列 D：1、2、3、5、6、8、13。在这些地层单位中，单位 1、2、3 和 13 的层位是确定的，并且不受排序的影响，即在这些单位中出土的遗物明确是晚期或早期的，其地层序列没有争论的余地。在其他单位之间，可能存在单一排序或混合排序，前者如图 53G 所示（在该图中，方框表示绝对年代的可能性选择，即单位 3 晚于单位 4，它们还晚于单位 5；人工遗物的分析支持这种排列吗？）

图 53G 显示，在单位 4 至单位 12 之间有 231 种可能的排序，其中任何一种排序都可能或不能得到人工遗物定年的支持。例如，一种排序显示单位 11 晚于单位 5，且它们都晚于单位 12。这些排序的思想基础是，每个单位所出的人工制品可以进行比较，并且通过人工遗物定年，以此显示哪一种排序代表最佳的编年方案。在该举例中，从晚期到早期的最正确的排序可能是单位 11、单位 12 和单位 5。

从图 53F 的地层序列中很明显可以产生复合排序。例如，可以认为单位 5 和单位 10 晚于单位 9，而单位 9 本身又晚于单位 6 和单位 7。当然，排序的数量会受到所分析的相关地层层序的限制。即便如此，每一个多线层序排列都存在大量的可能性——达兰（Dalland 1984）已经清楚地发现了这一点。对多线层序的分析在很大程度上应是分析其地层的排序。然而，除了玛格纳尔·达兰（Magnar Dalland）的论著外，没有其他任何出版的著作详细讨论过这一重要问题。

这些排序来自对遗址中人工遗物的研究。参照绝对年代，排序能够确定那些地层上毫不相连的单位的相对位置（早于、晚于、同时）。这些排序不能改变遗址地层序列中由发掘者根据考古地层学原理确定的、各单位之间的地层联系。但是，这些单位可能会在各自的

考古地层学原理

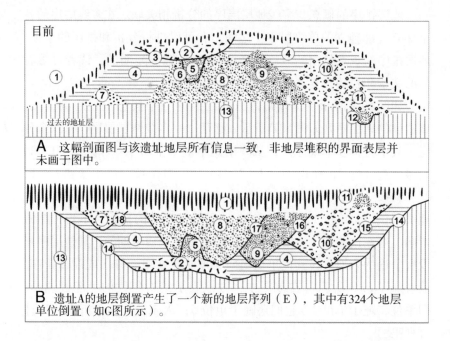

A 这幅剖面图与该遗址地层所有信息一致，非地层堆积的界面表层并未画于图中。

B 遗址A的地层倒置产生了一个新的地层序列（E），其中有324个地层单位倒置（如G图所示）。

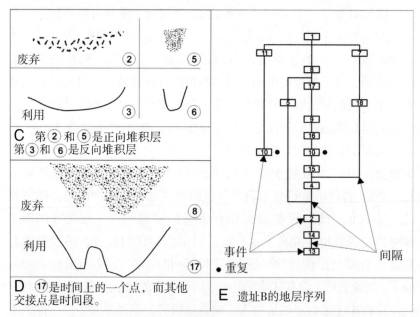

C 第②和⑤是正向堆积层
第③和⑥是反向堆积层

D ⑰是时间上的一个点，而其他交接点是时间段

E 遗址B的地层序列

图53 上图土墩A的地层序列表现在右图F中。这个序列可能有231种组合方式，同时绝对年代的关系可以在9个单位之间变化。但是组合方式由序列本身限定。

130

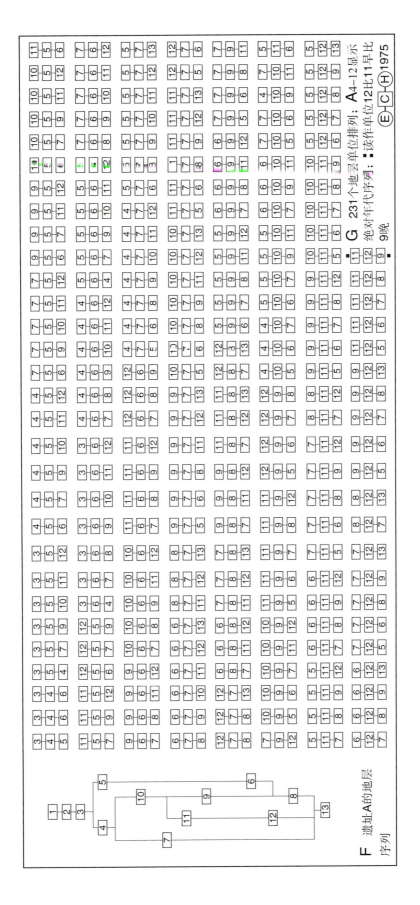

层序向上或向下移动，以便同一时期的堆积和界面在图表中可以位于同一条水平线上。因此，图表中的排序加长与所确定的时期有关。

通过人工遗物的分析对地层进行排序，将为考古学家提供对序列进行分段或分期的证据（如图 45 所示 Triggs 的排序）。人工遗物的信息必须和其他资料进行比照，例如遗址的文献资料和遗迹属性。地层序列也有可能被分成当时并不严谨的几个阶段。有些遗物的演化序列可能会得到地层序列的支持，但是这与遗址的结构史并不相关，甚至相背。

理查德·杰拉德（Richard Gerrard，1988）已经以上述方式展开了一些有趣的工作，研究了出自多伦多约克堡遗址（Fort York）的人工制品与该遗址地层序列的相关性，如图 54 所示，他把地层数据与每一个堆积的陶器组合的平均年代数据相结合；图 55 则介绍了多样性指数，同样基于陶瓷数据，将其作为确定遗物进入堆积的可能来源是渗入或是残留的方式。瑞格（Triggs 1987）同样利用地层序列来检测人工制品组合中的制造－沉积滞后（Adams & Gaw 1977；Rowe 1970）。诸如此类的研究为未来分析地层序列和人工制品之间的关系指明了方向，其中一些将在《考古地层学实践》（*Practics of Archaeological Stratigraphy*）论文集（Harris & Brown 待版）[①] 中发表。

完成对遗址地层和人工遗存的研究后，就有必要将这些资料与同时期的其他遗址进行比较。有可能某一个遗址各地层单位之间所用的方法能够更广泛地应用于"跨遗址"研究。以图 56 为例，只有在对不同遗址进行比较时，才可能出现对个别层序的进一步排列，这就是不普遍或不统一采用地层学方法所带来的一些问题的举例。遗址 A、遗址 B、遗址 C 是 20 世纪 60 年代后期发掘的，但是，从遗址 C 简短的地层序列及其许多明显相关的堆积来看，C 遗址的记录并不是很好；遗址 D 和遗址 F 穿过隔梁具有许多相关性，这在图表中清晰可见，这种类型的相关性可能包含相当多的地层错误，这取决于是否以及如何发掘隔梁；遗址 E 的层序看起来最好，但是所有遗址都没有以当时认为必要的方式记录遗迹界面（见第七章）。

---

① 已于 1993 年由科学出版社（Academic Press）出版。——译者注

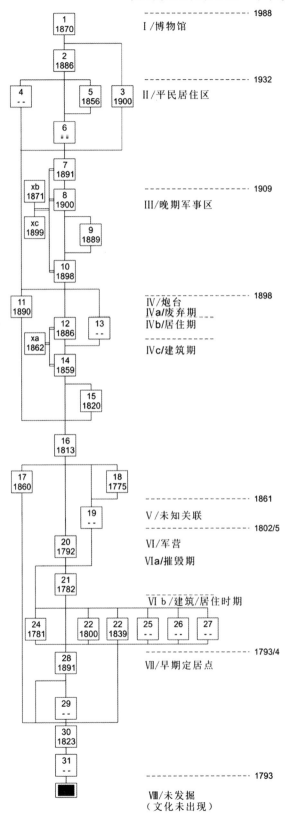

图54 这是来自多伦多约克堡垒（Fort York）遗址的地层序列图，图中加入了堆积单位中陶片断代的结果（来自 Gerrard 1988；承蒙作者提供）。

分期/文化关联　年代

```
                          ┌─────┐
                          │  1  │     ------------------- 1988
                          │0,68 │     Ⅰ/博物馆
                          └─────┘
                          ┌─────┐
                          │  2  │
                          │0,72 │     ------------------- 1932
                          └─────┘     Ⅱ/平民居住区
                ┌─────┬─────┬─────┐
                │  4  │  5  │  3  │
                │ --  │0,80 │0,59 │
                └─────┴─────┴─────┘
                          ┌─────┐
                          │  6  │
                          │ --  │
                          └─────┘
                          ┌─────┐
                          │  7  │
                          │0,55 │
                          └─────┘     ------------------- 1909
                ┌─────┐   ┌─────┐     Ⅲ/晚期军事期
                │ xb  │   │  8  │
                │0,86 │   │0,39 │
                └─────┘   └─────┘
                ┌─────┐       ┌─────┐
                │ xc  │       │  9  │
                │0,70 │       │0,47 │
                └─────┘       └─────┘
                          ┌─────┐
                          │ 10  │
                          │0,63 │
                          └─────┘     ------------------- 1898
                ┌─────┐               Ⅳ/炮台
                │ 11  │               Ⅳa/废弃期
                │0,73 │
                └─────┘
                          ┌─────┬─────┐
                          │ 12  │ 13  │   Ⅳb/居住期
                          │0,38 │ --  │
                ┌─────┐   └─────┴─────┘
                │ xa  │               Ⅳc/建筑期
                │0,80 │
                └─────┘
                          ┌─────┐
                          │ 14  │
                          │0,67 │
                          └─────┘
                              ┌─────┐
                              │ 15  │
                              │0,58 │
                              └─────┘
                          ┌─────┐
                          │ 16  │
                          │0,74 │
                          └─────┘
                ┌─────┐       ┌─────┐
                │ 17  │       │ 18  │
                │0,61 │       │0,45 │
                └─────┘       └─────┘
                              ┌─────┐     ------------------- 1861
                              │ 19  │     Ⅴ/未知关联
                              │ --  │
                              └─────┘     ------------------- 1802/5
                          ┌─────┐         Ⅵ/军营
                          │ 20  │         Ⅵa/摧毁期
                          │0,49 │
                          └─────┘
                          ┌─────┐
                          │ 21  │
                          │0,07 │
                          └─────┘         Ⅵb/建筑/居住期
        ┌─────┬─────┬─────┬─────┬─────┬─────┐
        │ 24  │ 22  │ 22  │ 25  │ 26  │ 27  │
        │0,00 │0,52 │0,75 │ --  │ --  │ --  │
        └─────┴─────┴─────┴─────┴─────┴─────┘
                          ┌─────┐         ------------------- 1793/4
                          │ 28  │         Ⅶ/早期定居点
                          │0,14 │
                          └─────┘
                          ┌─────┐
                          │ 29  │
                          │ --  │
                          └─────┘
                          ┌─────┐
                          │ 30  │
                          │0,64 │
                          └─────┘
                          ┌─────┐
                          │ 31  │
                          │ --  │
                          └─────┘         ------------------- 1793
                          ┌─────┐         Ⅷ/未发掘
                          │ ███ │         （文化未形成）
                          └─────┘
```

图55　在图54的基础上为每一个堆积单位加入了偏差指数，这样就可以研究遗址中出土遗物是原生的还是混入的（来自 Gerrard 1988；承蒙作者提供）。

第十一章
地层序列和发掘后的分析

将遗物的研究与地层序列相结合,与我们现在对地层序列的理解一样,很大程度上还处于蹒跚学步阶段。本章的部分内容旨在指出推进这项研究的方式及其面临的问题。与地层序列相结合的人工遗物的研究水平与地层记录的质量成正比,而编写地层记录则是考古学家的首要责任。如果我们希望自己被视为专业人员,就应该在地层记录任务中表现得更出色。在最后一章中,将对前几章提出的地层学方法进行总结,由此更好地为考古发掘中的地层实践提供密钥。

第十二章　考古发掘的地层记录纲要

前面几章对考古地层学原理的发展史进行了讨论。此外，还讨论了该原理的特性、地层记录方法以及发掘完成后的地层资料分析等。针对考古地层学的某些理论、发掘和记录方法，众说纷纭，莫衷一是。作为考古学中至关重要的主题，我们要仔细审查和修正这些争议和讨论。本章旨在提出一个记录大纲，以便发掘者能够按照现代考古地层学的标准，编制一套基本的地层数据。

图57显示一个遗址从发掘到报告出版的过程。当开始发掘时，必须确定发掘方法是采用地层分层法还是任意水平层法。在许多遗址，这两种方法可能都会使用：前者学生们可以参照弗里尔（Frere）在维鲁拉米恩遗址（Verulamium）或坎利夫（Cunliffe）在波特切斯特城堡（Portchester Castle）的工作，后者可以参照麦克伯尼（McBurney）在哈瓦·法塔（Haua Fteah）洞穴遗址的工作。在有明显分层的情况下，必须采用地层学发掘方法。

发掘开始后，学生应该找出不同类型的地层单位，即自然地层（见图21：单位7和单位8）、人工地层（见图21：单位4、单位14和单位15）、直立地层（见图21：单位5和单位10）、水平遗迹界面（见图21：单位3和单位19），以及垂直遗迹界面（见图21：单位20和单位30）等。

从最晚期的地层单位开始向下发掘到早期的地层单位，全部都必须编号。对于临时性的发现，如对表层中发现的遗物进行记录，也需要给出一个编号（见图58）。记录只需要用一组数字就足够了，如果还希望表示出某特定地层单位的功能，比如可以表示为"灰坑，单位30"，而不再采用另一组不同数字来表示灰坑或其他遗迹单位。采用单一数字编号体系在发掘中可以节省时间，也为发掘结束后的分析工作节省了劳动。

第十二章
考古发掘的地层记录纲要

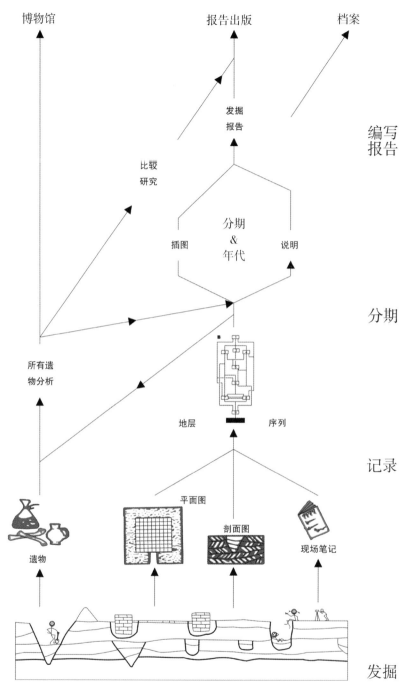

图 57　发掘中得到的所有地层信息都将帮助形成遗址的地层序列，最终服务于后期的所有研究工作及发掘报告的编写。

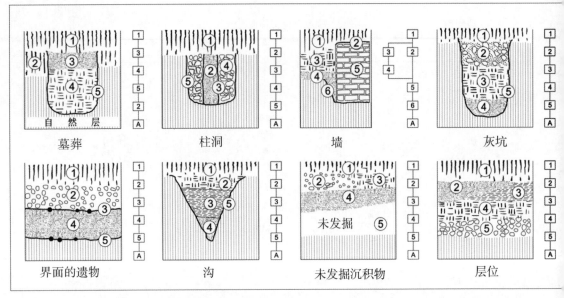

140　**图58**　图中列举了不同类型的地层单位，并对其进行了编号。对于堆积之间可能存在的界面，也用临时编号记录此类特别的发现。

　　学生必须牢记叠压原理、原生水平原理和原生连续原理（见第五章），然后找出各地层单位之间的层位关系，使用预先印好的表格将有助于记录（见图59）。我们会找到三种层位关系：哪些地层单位在上、哪些在下，以及哪些单位在地层上相互关联。与此同时，还要记录地层单位中的土壤成分和所含的遗物。

　　在开始发掘真正的地层单位之前，首先要绘制其地表平面图。有两种类型的平面图：单层平面图（见图60）和复合平面图（见图61）。发掘具有众多叠压层的复杂遗址，应该使用单层平面图，并且每个单位要逐一绘制。在收集到所有地层单位的平面图后，再绘制复合平面图。如果有时间，发掘者或许也希望能在发掘过程中绘制复合平面图。

　　在发掘之前，应该先在堆积地表开展调查，并在表层平面图上标出恰当的高程。一旦开始地层单位的发掘，就要在本单位的单层平面图上记录所有发现物的位置（见图60，遗物出土地点1～8），此时也可以绘制地层单位剖面图。如果该单位包括在遗址的主要剖面中，则可以采用累积剖面法绘制。所有地层单位的边界轮廓线也要画出来，如图60所示。遗迹界面（如图21中的单位3、19、20和30）

160

第十二章
考古发掘的地层记录纲要

遗址：<u>高街上段，北镇</u>

发掘区域：<u>探沟4</u>

地层单位 ☐

描述：<u>从单位50（C建筑的南墙）向南延伸数英尺的一个异常混杂的土层；其中包含许多块状黑土、大块的灰泥（与单位50类似）、很多烂瓦碎石（燧石质和白垩质的均有）；部分表层被单位10（维多利亚时期的井坑）所破坏。</u>

物理层序下部： | 10 | 14 | 23 | 29 | 36 |

物理层序上部： | 48 | 50 | 57 | 61 | |

相关： | | | | | |

地层序列：<u>在单位23和单位36之下；在单位48之上</u>

发现物：<u>经发掘，发现了一些三世纪的陶器碎片，但其磨损很严重，似乎是被残留下来的。</u>

说明：<u>这些堆积物看起来像是单位50中在自然力作用下腐烂和毁坏的碎石；根据单位23和单位36的发现，推断时间可能是在4世纪。</u>

分期：_____ 分段：__13__ 分期：__3__
单位23至单位36被划分为13个阶段，表示建筑C的毁坏过程。

记录/日期 __ECH 8-8-78__ 分期/日期 __ECH 6-79__

图59 一张用于记录各地层单位数据的标准印制表格。

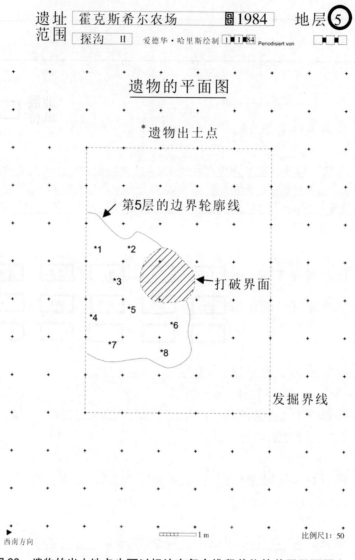

图 60 遗物的出土地点也可以标注在每个堆积单位的单层平面图上,它的出处可以用一组简写的地层单位编号表示,例如 HH 5.6 表示 Hawks Hill 遗址的地层单位 5 的第 6 件遗物。

应该使用较粗的线条标注,便于与层界面有明显区分,因为遗迹界面的界定具有重要的地层学含意。

根据地基和地面建筑或堆积物的特征,不同遗址平、剖面图中表示土壤的图例各不相同。但是,所有遗址的基本地层记录惯例是一致

第十二章
考古发掘的地层记录纲要

的：地层编号用带圈的数字表示，边界线用实线表示，打破界面的轮廓用虚线表示，遗物出处地点用一个点和一个数字表示，等高线和高程也要标记在平面图上。

打破界面也可以用阴影表示，如图 61 所示。所有遗迹界面都应该绘制出轮廓线，而所有地层都用土壤惯例和高程来表示。这些最终仅用于绘制平面图，因为剖面图中不存在由灰坑或打破界面形成的"露天空间"。

对于遗址中的每一个堆积单位，都要做如下记录才符合地层学的要求：

（1）文字描述地层单位的构成，并用符号表示它的所有物理关系；

（2）单层平面图，其中要标明单位的边界线、高程或者地形地貌，以及该单位被晚期遗迹打破的区域。

（3）地层单位剖面图，展示其边界范围及其土壤构成。

（4）地层单位中发现的遗物布局平面图。

每发现一个新的地层单位，就可以用同样的方式记录下来。编制这一基本记录，与必要时绘制的详细平面图或重要剖面图并不冲突。这只是一个基本记录，以确保对遗址每一地层单位的记录能够达到符合现代地层学原理的基本水平。利用这一基本记录，能够建立该遗址的地层序列，而这一序列是所有其他分析都必须遵循的。

图 12 描述了建立地层序列的方法，图 21 和图 47 对此做了更详细的说明。图 62 展示了 1974 年在伦敦发掘的一个遗址的部分地层序列，其中有超过 700 个地层单位。如果建立了一个遗址的地层序列，地层单位就被分组，称作"阶段（phase）"（见图 62，阶段 32）。这些阶段还可以排成一个阶段序列，它们本身又组成时期（period）（见图 62，第 5 期）。在都市遗址中，这些序列可能非常复杂，如图 63 显示该遗址有超 10000 个地层单位。

当地层序列建立后，就可以开始分析遗物了。在发掘过程中，对其中的一些遗物已经进行了初步观察。如果要把这些观察与遗址特定区域的地层序列相结合，那么，哈里斯矩阵的扩展版（见图 64）就会有所帮助。它提供了一个地层排序的图表，同时附有对出自不同地层单位的遗物的论述。

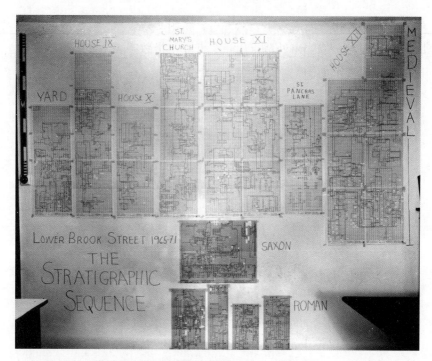

图 63　哈里斯矩阵呈现温切斯特的布鲁克林下街遗址（Lower Brooklyn Street）的地层序列有超过 10000 个地层单位。

　　我们曾结合地层序列和阶段序列对在迦太基（Carthage）出土的硬币进行了更广泛的研究（Harris & Reece 1979）。发掘者把遗址的地层序列连同出土硬币一起提供给理查德·里斯（Richard Reece）。图 52 所示阶段序列中的最晚阶段的时期即是从硬币证据中获得的。据此一眼就能看出哪些硬币可能是残留的，哪些仍需进一步研究。如果第 6 阶段出土硬币的日期是正确的，那么，第 7、9 和 15 阶段的硬币就都是残留物。因此，要对第 6 阶段的硬币进行更仔细地检查，因为它们的定年作用比出自第 7、第 9 和第 15 阶段的残存硬币更为重要。在某些情况下，同一阶段可能有 50 枚以上的硬币都是残留的，这就提醒我们，任何一层的断代都不应孤立于序列中的其他地层之外（Harris & Reece 1979：32）。

　　在对遗物进行研究时，发掘者可能会把注意力转向撰写遗址发掘报告。利用上述记录程序，考古学家会得到一个地层档案。从这些记录中，地层序列中的抽象关系得以还原为直接证据。遗址的发展可以

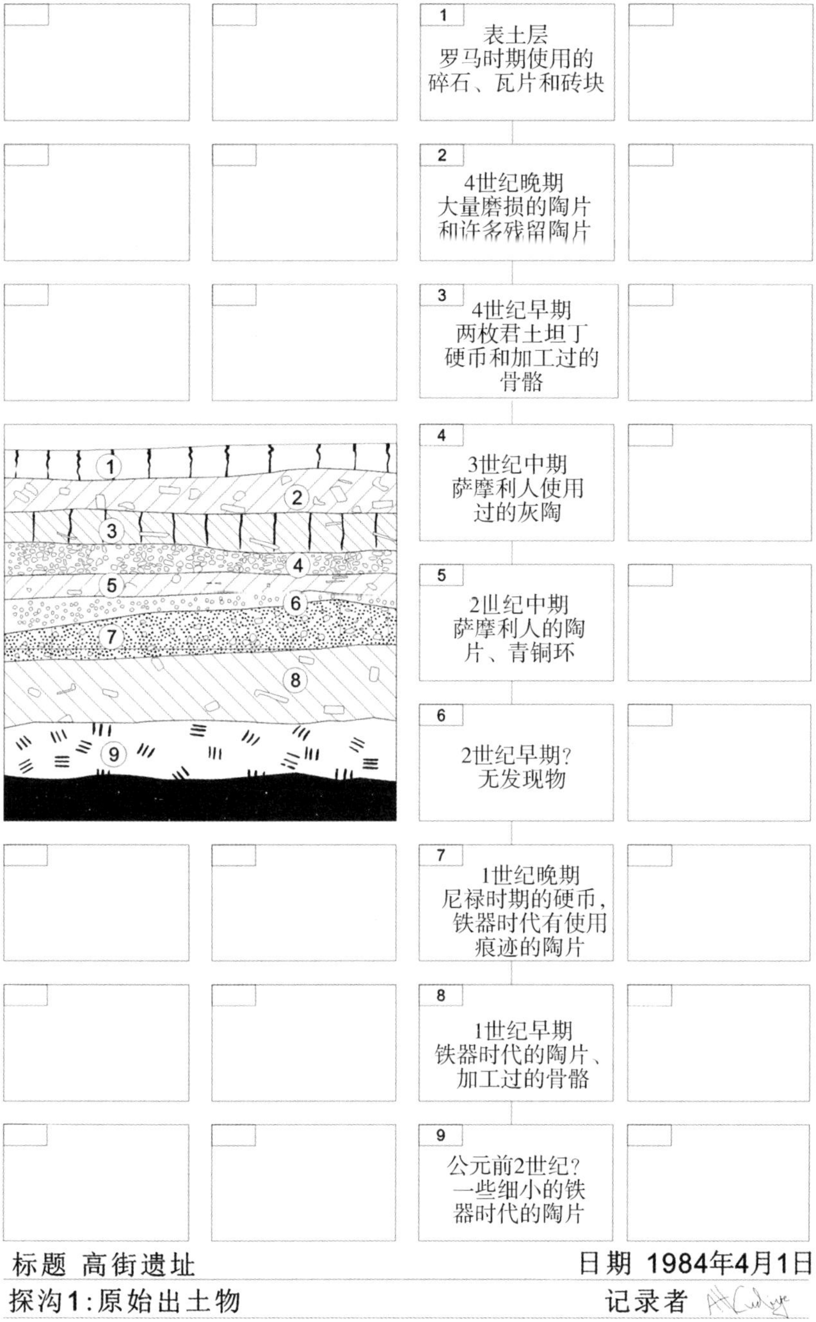

第十二章
考古发掘的地层记录纲要

		1 表土层 罗马时期使用的碎石、瓦片和砖块	
		2 4世纪晚期 大量磨损的陶片和许多残留陶片	
		3 4世纪早期 两枚君士坦丁硬币和加工过的骨骼	
		4 3世纪中期 萨摩利人使用过的灰陶	
		5 2世纪中期 萨摩利人的陶片、青铜环	
		6 2世纪早期? 无发现物	
		7 1世纪晚期 尼禄时期的硬币,铁器时代有使用痕迹的陶片	
		8 1世纪早期 铁器时代的陶片、加工过的骨骼	
		9 公元前2世纪? 一些细小的铁器时代的陶片	

标题 高街遗址　　　　　　　　　　　　　日期 1984年4月1日
探沟1:原始出土物　　　　　　　　　　　　记录者

图64　一张印制的矩阵表,用于进行与地层序列相对照的遗物分析。

通过大量的复合平面图呈现出来。地层序列中的每个分段和分期需要再绘制重新分段、分期的平面图——根据上述准则编制地层档案,这一任务很容易就能完成。

有时因为人事变动,发掘者不能撰写发掘报告。如果发生这种令人遗憾的情况,只要遵照上述简单规则和实践方法,至少会保留一个基本的地层档案。该档案用统一的方式编制,其他人日后也能完成从发掘第一天以来的工作,即获取过去的遗迹、保存其遗物,并快速出版发掘报告以呈现其历史事实。

随着哈里斯矩阵的发明而涌现的考古地层学的新思想,已经传授了十多年。这一方法已经在许多国家、许多不同类型的遗址中实践过,并且似乎已经得到了普遍认同。例如,在英属哥伦比亚,查尔斯·莱纳德·哈姆(Charles Leonard Ham 1982)成功地将其应用于贝丘遗址中,并允许在此引用他论文中的两幅图(图 65 和图 66)及下列信息,这些都反映了他对复杂的贝丘遗址发展过程的兴趣:

> 基础的哈里斯矩阵图记录了遗址所发掘部分的内部结构(见图 65)。如果分析完成,各种活动或过程就被重新编入这一框架结构中,你就会得到一个修订的哈里斯矩阵,再用它对遗址重新"建模"。
>
> 新月形海滩遗址(Crescent Beach)是一个坐落在海滩沙嘴①(beach spit)处的季节性贝类遗址,已发掘部分的时期为距今1350—480 年之间。图 66 显示其中的文化堆积(炉灶、土墩、道路和贝壳丢弃堆),其间被腐殖质隔开,显示此时植被生长成为形成堆积的主要因素。新月形海滩遗址堆积只有 21 层,而在圣蒙戈罐头厂遗址(St Mungo Cannery)的堆积超过 600 层,我们成功地运用哈里斯矩阵图对其进行了追踪。

在图 66 所示的地层序列中,正方形表示腐殖质堆积,长方形表示道路,等等。利用这种表示方式,遗址上的活动及其文化历史都能在图表所示的序列中清晰可见。

多伦多大学近东研究系瓦笛·图密拉特项目组(Wadi Tumilat

---

①沙嘴,是指以陆地突入水中的前端尖的沙滩。——译者注

第十二章
考古发掘的地层记录纲要

Project）的帕特丽夏·派斯（Patricia Paice）建议在埃及三角洲的一个遗址进行类似的有效研究，她还热心地送给我有关这一主题的尚未发表的论文（Paice n. d.）。根据依照上述常规方法编制的原始地层序列加以改进，不会对原有层序进行任何方式的改变，只是进行有效的扩展。这些扩展为考古学家提供了对该遗址历史的补充看法，并促使人们更多地关注其地层发展。在此抛砖引玉，我们支持顺着这些思路的扩展系统。

在其他地方，基础的哈里斯矩阵系统广泛应用于英国、加拿大、欧洲（本著原版已在意大利和波兰出版，西班牙语版也在待版中）[①]、澳大利亚和中美洲。在美国，至少在西部海岸，可能是由艾德里安（Adrian）和玛丽·普瑞兹里斯（Mary Praetzellis）引介的（Praetzellis et al. 1980）。然而，这些地层学观点依旧遭到一些推崇任意发掘的美国考古学家相当强烈的抵制。

但是，芭芭拉·斯塔奇（Barbara Stucki）提供了哈里斯矩阵在美国应用的很好的例证（Wigen & Stucki 1988），该遗址是位于华盛顿州的一个史前遗址（见图67和图68），她写道：

> 胡科河（Hoko River）岩棚遗址位于胡科河河口，距华盛顿奥林匹克半岛（Olympic Peninsula）西北端约30 km。堆积深度达3.5 m，提供了人类在岩棚中至少长达800年活动的详细记录。堆积分层明显，在48 m深的探沟剖面上共记录了1342层。堆积中贝壳含量比例较高，还有木炭、灰烬、骨骼、腐殖质、沙子和砾石等。图67显示了在岩棚中心发掘的两个221 m×1 m地层单位——N102/W98和N102/W99之间的南壁剖面图，其中有近200层，包括许多确定的炉灶、灰坑以及木桩和柱子残迹。
>
> 哈里斯开发的矩阵系统用来将过去复杂的活动记录整合于一个统一的地层序列中（图68, Stuki n. d.）。运用这一年代学框架，我检视了遗址利用的变化，其中包括不同类型的人工制品的分布变化和活动区域变化。结合沉积学分析，我能够把该地层序列分成8个不同的沉积时期，而这些时期可能代表了遗址占用时间的变化，以及发生的各种经济活动。

[①] 原文照译。——译者注

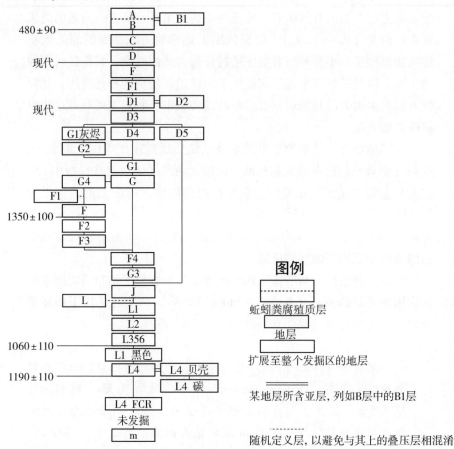

图 65　在新月形海滩（Crescent Beach）遗址的地层序列中，对不同形状的地层单位进行编码，以标示遗址的主要堆积类型（来自 Ham 1982；承蒙作者提供）。

图 67 清楚显示了遗址地层的复杂性，但是斯塔奇处理得很好，该地层序列表明她牢固地掌握了本著第一版的观点。她还同意在即将出版的《考古地层学实践》中提供一篇关于胡科河遗址的论文，这将引起史前学家的兴趣，因为他们不相信考古学拥有且需要自己的地层学研究方法。

最后这几个例子是为了让读者了解《考古地层学原理》第一版中提出的理论，而且这些理论已经由很多考古学家在不同的旷野和不同类型的遗址中付诸实践。与此同时，鉴于许多学者的信任，这一简单的原理引领他们对第一版的概念进行不断拓展。

笔者撰写本著第一版后，在有了新的兴趣和想法时用心修订出第

第十二章
考古发掘的地层记录纲要

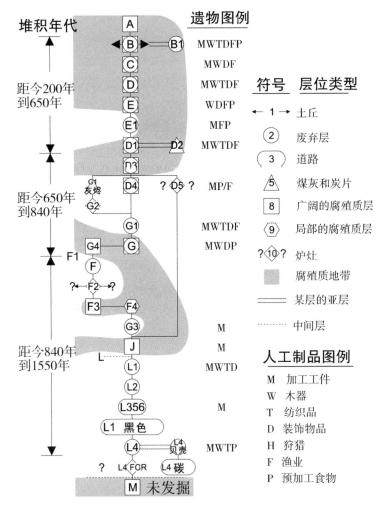

图 66 该图是图 65 的修订版,对地层单位进行编码以显示遗迹或活动类型,以便读取地层序列与补充信息(来自 Ham 1982;承蒙作者提供)。

二版,目的在于向考古学新生指出更容易、更富有成效的解决考古地层学研究上的困难并取得成绩的方法。但是,笔者姑且认为自己能够超越矩阵的早期支持者迈克尔·希弗(Michael Schiffer)所运用的简单例子,他将理论转化为实践。他曾让学生们从地层学角度研究校园的人行道,并附有"系统地区别、观察和记录人行道的各个部分及其特征"的说明。在得知当局打算以令人气愤的老套规则挖掘人行道时,一位带着所需的地层序列返回学校的学生,就已经走上了成为考古发掘的地层学大师的道路。

考古地层学专业术语

绝对时间（Absolute time）

绝对时间是指测定或量化的时间，表示考古遗址的持续时间。它是通过对人工遗物的分析或科学分析（例如放射性碳测年）得到的；考古地层本身只指示相对时间。

任意发掘（Arbitrary excavation）

任意发掘是指根据指定厚度预先设定考古发掘层，用于没有明显可见土壤分层的遗址或遗址区域，通常不适用于有明显分层的遗址。

考古档案（Archaeological archives）

考古档案是指在发掘记录过程中产生的文件，包括平面图、剖面图、书面笔记和照片。它们是在实际发掘以后分析遗址地层形成的资料。

考古地层（Archaeological stratification）

考古地层主要是指由人类活动造成的土壤分层，由沉积物特性或沉积状态的变化形成。它包括由沉积和挖掘活动产生的地层单位，例如地层和灰坑。

考古地层学（Archaeological stratigraphy）

考古地层学以考古地层为研究对象，涉及地层和遗迹界面的顺序和年代关系、地形形状、土壤组成、内含的人工和其他类型遗存，以及对地层遗迹起源的解释。

扰动区域（Areas of disturbance）

见打破界面。

人工遗物断代（Artefactual dating）

人工遗物断代是指通过对人工遗物的研究来确定考古地层的绝对年代：通常假定某一地层中最晚遗物的年代就是本层的年代。如果遗物是本堆积中的原生物，这将是准确无误的。

沉积基底（Basin of deposition）

沉积基底是指确定地层沉积模式的区域，例如其形状为洞穴、房址或灰坑。

隔梁（Baulks）

隔梁是指未经发掘的区域。有时为了保留重要的地层剖面，在发掘时会在探方中保留隔梁。

边界轮廓线（Boundary contours）

边界线是指标记地层单位存在的界线或范围，并在平面图和剖面图中用实线标出的线。

编年（Chronology）

编年是指某事件发生、某物品出现的时期，或根据推断而确定的地层单位的时期。

复合平面图（Composite plan）

复合平面图是指由两个或两个以上地层单位组成的层表平面图类型，是某个阶段界面或时期界面的平面图。

折中剖面（Compromise section）

一种剖面图的绘制方法，是指在剖面图中出现的地层单位的界面或标识的界定可以采取折中的办法解决。

遗存（Contained remains）

遗存表示一个遗址地层中发现的所有可移动物品，不论是有机的还是无机的，天然的还是人工的。

污染物（Contamination）

见残留物。

等高线平面图（Contour plan）

等高线平面图用于显示遗址某时期的地表起伏，是从一系列记录在案的高程推断出来的。

相关性（Correlation）

相关性是指曾经形成同一个堆积的不同层相互等同，或者同一个原生遗迹的不同部分相互等同，原生地层单位的缺失部分是被后来的挖掘活动破坏的。

累积剖面（Cumulative section）

累积剖面是指发掘时每层绘制的剖面，如果使用这种方法，则不必保留隔梁。

高程（Elevations）

高程是指地层单位平面图上记录的高度点，根据它可以确定地形起伏或等高线。

外表（Face）

外表是指原生出露在外的地层表面。是地层单位暴露在表层的部分，或者作为表面的使用部分。

遗迹界面（Feature interface）

遗迹界面是由打破原有的地层而产生的地层单位，而不是由土壤沉积而形成的。

出土号（Find number）

出土号是指在地层中发现的所有物品都按其出土的地层单位所编的号。

地层（Formations of stratification）

根据地层年龄或结构等标准，地层可分为地层单位群或地层组。在考古学中，一个地层组被称为一个阶段或一个时期。

化石（Fossils）

化石是指在地质和考古环境中发现的自然物，如孢粉粒①。

网格法（Grid system）

网格法是一种发掘方法，通过隔梁将遗址分成一系列方块。

历史的和非历史的（Historical and Non-historical）

历史的和非历史的每一个地层单位在遗址历史中都有其独特的意义。虽然灰坑和层等地层单位会以相同的地层形式重现，但是它们是重复的、非历史的地层面貌。

水平遗迹界面（Horizontal feature interface）

水平遗迹界面与直立地层单位有关，并标记地层单位被打破的界面层。

水平层状界面（Horizontal layer interface）

水平层状界面即自然的或人造地层的表面，是一个地层单位，但其编号取与之关联的地层号；在某些情况下，比如在层表面发现了一枚硬币，就有必要对这些单位进行独立编号。

---

①此处原著照译，这一表述并不严谨。化石是指地壳中保存的属于古地质年代的动物或植物的遗体、遗物或生物留下的痕迹。——译者注

水平层（Horizontal stratigraphy）

水平层是指通过人工制品分析对遗址进行分期。由于它利用的是人工制品而非地层数据，所以该名称不是真正的地层学术语，应该被摒弃。

原生物（Indigenous finds）

原生物是指在其出土堆积形成期间被带入该堆积中的物品，与残留物或渗透物相反。原生物的制造时期被认为与其出土堆积的形成是同时的。

渗透物（Infiltrated finds）

渗透物是指晚于其出土地层形成年代的遗物，是在废弃埋藏之后，从其出土层的叠压层或由于对遗址的扰动而被带入出土堆积中的。

打破界面（Interface of destruction）

打破界面是一种抽象界面，记录遗址某一地层单位或某一时期的表面区域，是由晚期发掘或扰动所致。

原生连续原理（Law of Original Continuity）

原生连续原理是指任何考古沉积物或遗迹界面，在最初形成时，都将以沉积基底为界，或逐渐变薄形成薄缘。因此，如果某一堆积或遗迹界面的任何边缘在垂直方向上暴露出来，则其原范围的一部分必定因挖掘或侵蚀而被清除了，必须找到其续接部分，或对其缺失进行解释。

原生水平原理（Law of Original Horizontality）

原生水平原理是指任何松散的考古堆积层都会逐渐趋向水平。地层表面发现时是倾斜的，因为其原本就是这样沉积的，或者与原先存在的沉积基底的轮廓相一致。

地层连续原理（Law of Stratigraphical Succession）

地层连续原理是指一个考古地层单位在遗址地层序列中的位置，处于其上所有地层单位的最下层（或最早期）地层单位和其下所有地层单位中的最上层（或最晚期）单位之间，这样该单位就建立了接触性关系，而其他叠压关系都是多余的。

叠压原理（Law of superposition）

叠压原理是指一系列的地层和遗迹界面在最初形成时，上层单位较晚，下层单位较早，因为每层都是在原先存在的考古地层之上沉积，或是在清除考古地层时形成的。

层号（Layer numbers）

见地层单位号。

人造地层（Man-made layer）

人造地层的堆积是人类有意选址和建造的，因此可能与自然地层学或地质地层学规律不相符。

测量层（Metrical stratigraphy）：见任意发掘。

测量层指的是按照预先确定的地层厚度任意发掘和记录的地层。因此，这不是真正的考古学地层学术语。

自然层（Natural layer）

自然层是考古遗址中经过自然过程形成的地层。

全面揭露发掘（Open area excavation）

这种发掘方法将整个遗址作为一个整体，不设隔梁，全面揭露。

时期（Period）

时期是遗址中最大的地层组合时间段，通常由几个不同阶段组成。

时期表面（Period face）

时期表面是由同时期地表上的若干地层单位组合而成的组合界面，在组合平面图中展示。

分期（Periodization）

分期是根据地层、构造和人工遗存，把一个遗址的地层资料按时期和阶段进行排列的过程。

阶段（Phase）

阶段是单个地层单位和时期之间的遗址结构：若干地层单位组成一个阶段，若干阶段组成一个时期。

分阶段（Phasing）

分阶段是把遗址的地层排列成序，并把地层序列划分成阶段和时期的总称，又称"分期"。

物理层序（Physical sequence）

物理层序是某层在整个地层堆积中显现的自然顺序。物理层序不能被误认为就是地层序列，但地层序列是从物理层序推断出来的。

出处（Provenance or Provenience）

出处指的是遗物制造的地点，或者遗物在遗址地层中被发现的地点。

象限发掘法（Quadrant method）

象限发掘法是指发掘具有圆形特征的遗址或遗迹的一种主要方法，将发掘区域分成四个部分，依次逐个清理。

写实剖面（Realistic section）

写实剖面是一种绘制剖面图的方法，其目的是绘制土壤剖面的画作，其中既不出现界面线，也没有层号。

记录表（Recording sheets）

记录表是指预先印制好的活页本，用于记录地层单位的文字描述。

相对时间（Relative time）

相对时间表示任意两个事件或遗物之间的时间关系，即晚于、早于或与另一个属于同时期。

残存物（Residual finds）

残存物指的是这些遗物的时期比其出处堆积的形成时间更早，这些遗物可能是"再利用"或者来自对原有地层的扰动。

序列（Sequence）

序列是事件的演替，而不是这些事件所确定的年代。

单层平面图（Single-layer plan）

单层平面图指的是每个地层单位单独用一张平面图记录其要点，包括边界轮廓线、部分高程点、扰动区域和层号。

直立剖面图（Standing sections）

直立剖面图即发掘过程中遗留的隔梁的立面图，通常在发掘结束后绘制。

分层发掘（Stratigraphic excavation）

分层发掘是指根据遗址的自然形状和规模及其地层堆积顺序的逆序逐层发掘的方法。

层位关系（Stratigraphic relationships）

层位关系既包括自然叠压关系——一个堆积叠压于另一个堆积之上，也包括堆积层或遗迹因后期挖掘而被分割的各部分之间的相互关系。

地层序列（Stratigraphic sequence）

地层序列是指在一个考古遗址上，随着时间的推移，地层堆积和遗迹界面形成的顺序。很多遗址的地层序列是多线性的，因为不同区域所发生的变化各不相同，正如同一个建筑的不同房间一样。

格式剖面（Stylized section）

格式剖面显示土壤剖面的所有界面和层，以及有编号的地层单位，是进行地层分析的最佳剖面类型。

表面轮廓线（Surface contours）

表面轮廓线显示地层单位的地形或地貌特征，不能与边界轮廓线相混淆；要通过在平面图上绘制一系列的高程点来记录。

三维记录（Three-dimensional recording）

在三维记录系统中，坐标系的二维记录了遗物的出土地点，第三个维度是遗物出土地点的高程或测量的绝对高度。

地层编号（Unit of stratification number）

地层编号即遗址中所有的自然地层、人工地层、直立地层、垂直和水平的遗迹界面的数字编号。一旦被编号，每个地层单位将自动拥有一套必须被界定和记录的地层关系。

直立层（Upstanding layers）

直立层是指墙体以及其他类似的原生人造堆积。

直立层界面（Upstanding layer interface）

直立层界面是指直立地层的外表或原生表面。

垂直遗迹界面（Vertical feature interface）

垂直遗迹界面通常指的是一个遗迹单位，该单位标记着某个独特事件，例如挖掘灰坑以及对原先存在的地层堆积的破坏。

插图说明及索引[1]

图1　早期的考古遗址地层学教学插图［参照德鲁普（Droop）1915：图1—图8；承蒙剑桥大学出版社提供］。　　　　　　　P14

图2　这幅剖面图由莫蒂默·惠勒（Mortimer Wheeler）于1934年绘制，是最早包含地层编号的剖面图之一（惠勒1943：图10；承蒙伦敦古物学会提供）。　　　　　　　　　　　　　　　P16

图3　在19世纪，坟丘的发掘是在其中心的埋葬关键部位打个探沟，不发掘外围区域；到了20世纪，象限法扭转了这一过程，探沟变成了隔梁，并且先发掘外围区域。　　　　　　　　　　P20

图4　该图展示了从20世纪30年代保留大隔梁的网格发掘法到20世纪60年代的全面揭露，采用层累剖面而不是永久隔梁的垂直剖面。　　　　　　　　　　　　　　　　　　　　　　P21

图5　放大的灰坑剖面及其包含物（与19世纪很多其他图形不同，该剖面图似乎被绘制成垂直的地层轮廓记录，而非发掘后复原的示意图。Willett 1880：插图XXVI）。　　　　　　　　P26

图6　在20世纪50年代，平面图倾向于对墙体以及灰坑或探沟等遗迹的调查。仅记录那些规模巨大或者诸如街道、马赛克地面等有显著特征的遗迹的地层（见Cunliffe 1964：图10，承蒙作者提供）。　P28

图7　这是一幅典型的地层记录剖面图，由莫蒂默·惠勒爵士和蒂姆·凯瑟琳·凯尼恩发明，并一直沿用至20世纪60年代（承蒙温切斯特城市博物馆提供）。　　　　　　　　　　　P29–30

图8　哈里斯矩阵表呈现考古遗址地层序列的示例。　　P39

图9　哈里斯矩阵系统确认考古地层单位之间仅三种层位关系：（A）单位之间无直接地层关系；（B）叠压关系；（C）单位作为整个

---

[1]原著插图说明无索引，此索引为译著添加以便于阅读。——译者注

堆积或遗迹界面的不同部分而相互关联。 P40

图 10 运用哈里斯矩阵表记录的 20 世纪 80 年代初在德国康斯坦茨（Konstanz）发掘的 Salmansweiler Hof 遗址的地层序列（见 Bibby 1987，承蒙作者提供）。 P41

图 11 康斯坦茨 Salmansweiler Hof 遗址的部分地层序列及其分期：第 1 期是生土层上的泥炭层；第 6 期代表公元 1290 年前后的新建筑时期。 P43－44

图 12 地层序列汇编。（A）以哈里斯矩阵法将所有叠压关系呈现在剖面图中；（B）以矩阵演绎的剖面图，依据地层演替原理呈现在（C）的地层序列中。 P47

图 13 考古地层成层过程的结果是形成沉积和遗迹界面。 P52

图 14 与图示相反，考古地层不能被倒置或反转过来，因为考古地层不是固结堆积。 P53

图 15 这幅图首次引起人们对直立地层的关注，并提醒人们注意将这些堆积与其毗连地层分开发掘的错误做法（来自 Wheeler 1954：图 16；承蒙牛津大学出版社提供）。 P57

图 16 所有堆积都有标记其平面范围的边界轮廓线。地层表面用表面轮廓线表示，它是在堆积发掘之前根据高程记录推算出来的。 P58

图 17 （A—C）考古地层的界面；（D）地层形成的两个重要阶段：利用（沉积）和废弃（非沉积）。（A 图参照 Wheeler 1954：图 8）。 P62

图 18 上图是一个英国城堡墙面的复合立面（不同时期）。在下图中，它被分成四个地层单位：单位 1、单位 2、单位 4 为直立层界面；单位 3 为水平遗迹界面，标记着单位 1 和单位 2 在单位 4 施工前的废弃状况。 P64

图 19 1845 年绘制的马萨诸塞州比克斯比住宅的立体正投影。房间 A 的变化序列用哈里斯矩阵展示在图 20 中［承蒙老斯特布里奇村的 Christopher Mundy、Myron Stachiw 和 Charles Pelletier 提供］。 P65

图 20 在第 I 期中，比克斯比住宅在原有建筑基础（单位 1）之上加固了墙壁和顶棚（单位 2 和单位 3），木制部分被刷成了蓝色、红色和棕色（单位 4 至单位 8），顶棚和墙壁用白灰粉刷（单位 9 和单位 10），并添加了壁纸（单位 11）（承蒙老斯特布里奇村的 Christopher Mundy、Myron Stachiw 和 Charles Pelletier 提供）。　　　P66

图21　这幅图（和图22）展现地层逐渐形成的过程。A-D 四张图分别展示各自的剖面，依据地层连续性原理可以组合成一个序列即（a+b+c+d），并删除多余的关系。　　　P68

图22　在 e+f+g 中，将平面图 E-G 进行合并，再结合图21中剖面图的数据，该遗址的最终层序为 a-g，K 图表示其分期。　P69

图23　在20世纪50年代，考古学家往往忽略遗迹界面的重要性。例如，左图中的单位8，在右图中被分成了8和⑱两个单位。　P70

图24　解读地层单位界面中的问题。　　　P72

图25　图29的剖面图被分成24个阶段。图中的奇数表示层堆积阶段，偶数表示界面阶段。最好将层堆积阶段以剖面图展示，将界面阶段以平面图展示。　　　P75-76

图26　如果去除探沟中的地层，而依靠隔梁的剖面作为遗址的地层历史，应用惠勒网格法的发掘者会陷入图（B）所示的误区。
　　　P84

图27　写实法的剖面图，这对于地层学的研究毫无意义，因为它既无界面线也无层位号。　　　P86

图28　格式化的剖面图，有层位号和界面线。其局限性在于没有对界面进行界定或编号。　　　P87

图29　该图强调了图28中遗漏的界面编号。　　　P87

图30　与剖面图（图27、图28）一样，在组合式平面图中，可以标注或不标注边界线（界面线）或层位号。　　　P89

图31　一个常见的考古平面图。遗址上所有的垂直界面，无论阶段或分期，都展示在一张图上（来自 Cunliffe 1976：图4；承蒙伦敦古物学会提供）。　　　P91

图32　此图是复合平面图的代表，整个遗址的表面都被记录在一张图上。理想情况下，这张图应该表现的是这个遗址的主要时期（或是文化最繁盛的阶段）。然而，在发掘中这只能偶然实现，而且通常要等待遗物的分析结果。　　　P93

图33　如上图所示，复合平面图可以用来表现只有少量遗迹和单一表面的遗址。　　　P95

图34　上图中央的复合平面图依照地层单位被拆分成多个遗迹。

由于地层间的叠压，各个遗迹单位不能记录在复合平面图上，但这里都能清楚地标示。　　　　　　　　　　　　　　　　　　　P96

图35　此图是图36的晚期阶段，展示了正向与反向（打破界面，以阴影标示）的地层证据。例如遗迹F314（中下）就是一个打破界面（来自Crummy 1977：图8，承蒙作者提供）。　　P99－100

图36　该组合平面图显示了Lion Walk遗址继图35所示之后的一个阶段。以F313为例，由于被后期的地层所叠压，它并没有在后期的平面图中出现（来自Crummy 1977：图4，承蒙作者提供）。
　　　　　　　　　　　　　　　　　　　　　　　　P101－102

图37　地层的记录方式是由发掘方法所决定的。最好采用全面揭露，并结合剖面图和单层平面图加以记录（C）。　　P103

图38　这张单层平面图是绘于预制的图纸上的，记录了每个遗迹现象的基本数据。　　　　　　　　　　　　　P104

图39　这些是在发掘英格兰Hampshire的史前壕沟时，在其中心隔梁一侧出现的堆积单位的单层平面图。　　　　P105

图40　通过图39的各个平面图，可以编制出一系列的组合式平面图。其中，单位570（左上）是该壕沟中最早的遗迹现象，而单位464（右下）是最晚的一个。南面大量的堆积可能表示壕沟的对岸存在侵蚀现象。　　　　　　　　　　　　　　　P106－107

图41　在发掘结束后，依据隔梁上的情况所绘的剖面图。将其与图39的平面图相比较会发现细微差别，当平面图与剖面图在发掘的不同时间记录时，这种情况经常出现。　　　P109－110

图42　利用铁器时代壕沟的单层平面图（图39）中记录的数据对该剖面进行了重构。它穿过壕沟的中心，因而很容易在遗址任何需要的位置绘制同样的剖面。　　　　　　　　　　　P113

图43　这是英国考古学界第一幅应用地层相互关系并进行分期的图。它基于对剖面的分析，而地层序列是以列表方式呈现的（Kenyon 1961：图13；承蒙J. M. Dent和Sons Ltd提供）。　P118

图44　另一种与图43所示不同的分期法。它从左（早期）到右（晚期）阅读，是一种更加图表化的地层序列表现方式（来自亚历山大1970：图11；承蒙作者提供）。　　　　　　　P121

图45　图左是来自芳堤纳堡垒（Fort Frontenac）遗址的一份未

经证实的地层序列，它是根据发掘记录完成的。右侧为地层序列，地层单位是垂直排列的，因此任何一个单一时期都对应一条水平带（来自 Triggs 1987；承蒙作者提供）。　　　　　　　　　P123 – 124

图 46　1978—1982 年威廉姆斯堡殖民地的佩顿·伦道夫庄园遗址的地层序列（承蒙 Marley Brown Ⅲ 提供）。　　　　　　　P129

图 47　一个英国遗址的地层序列。它仅仅错误地划分了沉积阶段。　　　　　　　　　　　　　　　　　　　　　　　P131 – 132

图 48　图 47 所示遗址的分段和分期大致说明了地层序列单位分组的方法，但这些图只记录了沉积阶段和分期，因此是不正确的。
　　　　　　　　　　　　　　　　　　　　　　　　　　P133 – 134

图 49　任何一个依照任意地层发掘的遗址都能产生上图这种地层序列形式。　　　　　　　　　　　　　　　　　　　P135

图 50　如图所示，如果对成层遗址以随机层进行发掘，不同层位的遗物将会被混淆（参照 Deetz, 1967：图 2；承蒙 Doubleday 和 Co. 提供）。　　　　　　　　　　　　　　　　　　　　P141

图 51　加拿大新博朗斯维克省（New Brunswick）帕特里奇岛（Partridge Island）贝丘遗址地层序列的一部分。放射性碳测年数据给出了堆积序列的时间标尺，并对地层堆积进行了描述和解读。这进一步证明了哈里斯矩阵系统的价值，它能应用于先前很多考古学家在使用地层学方法下束手无策的遗址（承蒙 David Black 提供）。　P142

图 52　应用于人工制品分析的"阶段序列"模型，在此以钱币为例。圆圈中的年代是该阶段最晚期硬币的年代（依据 Harris & Reece 1979：图 4）。　　　　　　　　　　　　　　　　　　P144

图 53　上图土墩 A 的地层序列表现在右图 F 中。这个序列可能有 231 种组合方式，同时绝对年代的关系可以在 9 个单位之间变化。但是组合方式由序列本身限定。　　　　　　　　　　　　P148 – 149

图 54　这是来自多伦多约克堡垒（Fort York）遗址的地层序列图，图中加入了堆积单位中陶片断代的结果（来自 Gerrard 1988；承蒙作者提供）。　　　　　　　　　　　　　　　　　　P151

图 55　在图 54 的基础上为每一个堆积单位加入了偏差指数，这样就可以研究遗址中出土遗物是原生的还是混入的（来自 Gerrard 1988；承蒙作者提供）。　　　　　　　　　　　　　P152

图56　这里有 5 个来自同一铁器时代壕沟遗址的地层序列图。由于忽略了遗迹界面的重要性，都没有对其加以标注，导致了不同程度的错误。　　　　　　　　　　　　　　　　　　P153 – 154

图57　发掘中得到的所有地层信息都将帮助形成遗址的地层序列，最终服务于后期的所有研究工作及发掘报告的编写。　　P159

图58　图中列举了不同类型的地层单位，并对其进行编号。对于堆积之间可能存在的界面，也用临时编号记录此类特别的发现。　P160

图59　一张用于记录各地层单位数据的标准印制表格。　　P161

图60　遗物的出土地点也可以标注在每个堆积单位的单层平面图上，它的出处可以用一组简写的地层单位编号表示，例如 HH 5.6 表示在 Hawks Hill 遗址的地层单位 5 的第 6 件遗物。　　P162

图61　这四幅组合平面图展示一个假想遗址从早期到晚期（4 至 1）的发展过程，并记录了正向堆积和缺失的反向堆积（即打破界面，以阴影表示）。　　　　　　　　　　　　　　　　P163 – 164

图62　图左为伦敦某个遗址的部分地层序列；图右为完整的分段序列，其中的三个阶段归入第 5 期。这个复杂的序列是在发掘过程中完成的（承蒙 John Schofield 以及伦敦博物馆城市考古部提供）。
　　　　　　　　　　　　　　　　　　　　　　　　P165 – 166

图63　哈里斯矩阵呈现温切斯特的布鲁克林下街遗址（Lower Brooklyn Street）的地层序列有超过 10000 个地层单位。　P168

图64　一张印制的矩阵表，用于进行与地层序列相对照的遗物分析。　　　　　　　　　　　　　　　　　　　　　P169

图65　在新月形海滩（Crescent Beach）遗址的地层序列中，对不同形状的地层单位进行编码，以标示遗址的主要堆积类型（来自 Ham 1982；承蒙作者提供）。　　　　　　　　　　　P172

图66　该图是图 65 的修订版，对地层单位进行编码以显示遗迹或活动类型，以便读取地层序列与补充信息（来自 Ham 1982；承蒙作者提供）。　　　　　　　　　　　　　　　　　P173

图67　胡科河（Hoko River）岩棚遗址探沟的一个剖面图，其中包含约 200 个地层单位（承蒙 Barbara Stucki 提供）。　P175 – 176

图68　该图是图 67 剖面图中的部分地层序列（承蒙 Barbara Stucki 提供）。　　　　　　　　　　　　　　　　　P177 – 178

参考文献

Abdusin, D. A.

1959 *Arkheolgicheskie Razveoki i Raskopki*. Moscow University, Moscow.

Adams, W. H. and Gaw, L. P.

1977 A model for determining time lag of ceramic artifacts. *Northwest Anthropological Research Notes* 11: 218 – 231.

Alexander, J.

1970 *The Directing of Archaeological Excavations*. John Baker, London.

Alvey, B. and Moffett, J.

1986 Single Context Planning and the Computer: the Plan Database. *Computer Applications in Archaeology* 14: 59 – 72.

Aston, M.

1985 *Interpreting the Landscape, Landscape Archaeology in Local Studies*. Batsford, London.

Atkinson, R. J. C.

1946 *Field Archaeology*. Methuen, London.

1957 Worms and Weathering. *Antiquity* 31: 219 – 233.

Badè, W. F.

1934 *A Manual of Excavation in the Near East*. University of California Press, Berkeley.

Barker, P.

1969 Some aspects of the excavation of timber buildings. *World Archaeology* 1: 220 – 235.

1975 Excavations at the Baths Basilica at Wroxeter 1966 – 1974: interim report. *Britannia* 6: 106 – 117.

1977 *Techniques of Archaeological Excavation*. Batsford, London.

1986 *Understanding Archaeological Excavation*. Batsford, London.

Barret, J. and Bradley, R.

1978 South Lodge Camp. *Current Archaeology* 61: 65 – 66.

Bibby, D.

1987 Die stratigraphische Methode bei der Grabung Fischmarkt (Konstanz) un deren Aufarbeitung. *Arbeitsblätter für Restauratoren* 2: 157 – 172.

Biddle, M. and Kjølbye-Biddle.

1969 Metres, areas, and robbing. *World Archaeology* 1: 208 – 218.

Bishop, S.

1976 The methodology of post-excavation work. *Science and Archaeology* 18: 15 – 19.

Bishop, S. and Wilcock, J. D.

1976 Archaeological context sorting by computer: the strata program. *Science and Archaeology* 17: 3 – 12.

Black, D. W.

(in press) Stratigraphic integrity in northeastern shell middens: an example from the insular Quoddy region. In *Archaeology in the Maritimes*, edited by M. Deal. Council of Maritime Premiers, Halifax.

Boddington, A.

1978 *The Excavation Record Part* 1: *Stratification*. Northamptonshire County Council, Northamptonshire.

Bradley, R. J.

1976 Maumbury Rings, Dorchester: the excavations of 1908 – 1919. *Archaeologia* 105: 1 – 97.

Browne, D. M.

1975 *Principles and Practice in Modern Archaeology*. Hodder and Stoughton, London.

Butzer, K. W.

1982 *Archaeology as Human Ecology: Method and Theory for a Contextual Approach*. The University Press, Cambridge.

Byers, D. S. and Johnson, F.

1939 Some Methods used in excavating Eastern Shell Heaps. *American Antiquity* 3: 189 – 212.

Clark, G.

1957 *Archaeology and Society*. 3rd Edition. Methuen, London.

Clarke, R. R.

1958 *Archaeological Field-Work*. The Museums Association, London.

Coles, J.

1972 *Field Archaeology in Britain*. Methuen, London.

Collcutt, S. N.

1987 Archaeostratigraphy: a Geoarchaeologist's Viewpoint. *Stratigraphica Archaeologica* 2: 11 – 18.

Cornwall, I. W.

1958 *Soils for the Archaeologist*. Phoenix House, London.

Costello, J. G.

1984 Review of J. D. Frierman. 1982. *The Ontiveros Adobe: Early Rancho Life in Alta California*. Greenwood and Associates, Pacific Palisades. *Historical Archaeology* 18: 132 – 133.

Cotton, M. A.

1947 Excavations at Silchester 1938 – 1939. *Archaeologia* 92: 121 – 167.

Courbin, P.

1988 *What is Archaeology? An essay on the Nature of Archaeological Research*. Translated by Paul Bahn. The UniversityPress, Chicago.

Crummy, P.

1977 Colchester: the Roman Fortress and the development of the colonia. *Britannia* 8: 65 – 105.

Cunliffe, B.

1964 *Winchester Excavations* 1949 – 1960. Vol. 1. City of Winchester Museums and Library Committee, Winchester.

1976 Excavations at Portchester Castle. Vol. II: Saxon. *Report Res. Comm. Soc. Antiq. London* 33. The University Press, Oxford.

Dalland, M.

1984 A Procedure for use in Stratigraphical Analysis. *Scottish Archaeological Review* 3: 116 – 126.

Daniel, G.

1943 *The Three Ages*. The University Press, Cambridge.

1964 *The Idea of Prehistory*. Penguin, Harmondsworth.

Davies, M.

1987 The Archaeology of Standing Structures. *Australian Journal of Historical Archaeology* 5: 54 – 64.

Deetz, J.

1967 *Invitation to Archaeology*. Natural History Press, New York.

Dimbleby, G. W.

1985 *The Palynology of Archaeological Sites*. Academic Press, London.

Donovan, D. T.

1966 *Stratigraphy: An Introduction to Principles*. George Allen & Unwin, London.

Droop, J. P.

1915 *Archaeological Excavation*. The University Press, Cambridge.

Drucker, P.

1972 *Stratigraphy in Archaeology: An Introduction*. (Modules in Anthropology 30). Addison-Wesley, Reading, Mass.

Dunbar, C. O. and Rodgers, J.

1957 *Principles of Stratigraphy*. John Wiley, London.

Dunning, G. C. and Wheeler, R. E. M.

1931 A Barrow at Dunstable, Bedfordshire. *Archaeological Journal*, 88: 193 – 217.

Dymond, D. P.

1974 *Archaeology and History: A Plea for Reconciliation*. Thames and Hudson, London.

Eggers, H. J.

1959 *Einfuhrung in die Vorgeschichte*. R. Piper & Co. Verlag, Munchen.

Evans, J. G.

1978 *An Introduction to Environmental Archaeology.* Cornell University Press, Ithaca, New York.

Eyles, J. M.

1967 William Smith: The sale of his geological collection to the British Museum. *Annals of Science* 23: 177 – 212.

Farrand, W. R.

1984a Stratigraphic Classification: Living Within the Law. *Quarterly Review of Archaeology* 5 (1): 1 – 5.

1984b More on Stratigraphic Practices. *Quarterly Review of Archaeology* 5 (4): 3.

Fowler, P.

1977 *Approaches to Archaeology.* A & C Black, London.

Frere, J.

1800 Account of flint weapons discovered at Hoxne in Suffolk. *Archaeologia* 13: 204 – 205.

Frere, S. S.

1958 Excavations at Verulamium, 1957. Third interim report. *Antiquaries Journal* 38: 1 – 14.

Frierman, J. D.

1982 *The Ontiveros Adobe: Early Rancho Life in Alta California.* Greenwood and Associates, Pacific Palisades.

Garboe, A.

1954 *Nicolaus Steno (Nils Stensen) and Erasmus Bartholinus: Two 17th-Century Danish Scientists and the Foundation of Exact Geology and Crystallography.* Danmarks Geologiske Undersøgelse, Ser. 4, Vol. 3, no. 9. C. A. Reitzels, København.

Garboe, A.

1958 *The Earliest Geological Treatise (1667) by Nicolaus Steno.* Macmillan, London.

Gasche, H. and Tunca, Ö.

1983 Guide to Archaeostratigraphic Classification and Terminology: Definitions and Principles. *Journal of Field Archaeology* 10: 325 – 335.

Geer, G. de.

1940 *Geochronologia Sueccia Principles*. Kungl. Svenska Vetenskapsakademiens Handleingar, Ser. 3, Vole. 18, No. 6. Almqvist & Wiksells, Stokholm.

Gerrard, R.

1988 *Beyond Crossmends: A Statistical Examination of Infiltrated and Residual Remains in Ceramic Assemblages at Historic Fort York*. Report for the Toronto Historical Board, Toronto.

Giffen, A. E. van.

1941 De Romeinsche Castella in den dorpsheuval te Valkenburg aan den Rijn (Z. H.). (Praetorium Agrippinae). *Vereeniging voor Terpenonderzoek over de vereenigingsjaren* 1940 – 1944.

Gilluly, J., Waters, A. C. and Woodford, A. C.

1960 *Principles of Geology*. 2nd Edition. W. H. Freeman, London.

Gladfelter, B. G.

1981 Developments and Directions in Geoarchaeology. *Advances inArchaeological Method and Theory* 4: 343 – 364.

Gorenstein, S.

1965 *Introduction to Archaeology*. Basic Books, London.

Gould, S. J.

1987 *Time's Arrow, Time's Cycle: Myth and Metaphor in the Discovery of Geological Time*. Harvard University Press, Cambridge.

Grabau, A. M.

1960 *Principles in Geology*. Dover Publications, New York.

Gray, H. St. G.

1960 Lieut. General Pitt-Rivers, D. C. L. F. R. S., F. S. A. In *Memorials of Old Wiltshire*, edited by A. Dryden, pp. 1 – 119. Bemrose & Sons, London.

Great Basin Foundation, editors.

1987 *Wong Ho Leun: An American Chinatown*. Great Basin Foundation, San Diego.

Green, K.

1983 *Archaeology, An Introduction*. Batsford, London.

Grimes, W. F.

1960 *Excavations on Defence Sites 1939 – 1945, I: MainlyNeolithic-Bronze Age*. HMSO, London.

Grinsell, L., Rahtz, P. and Williams, J. P.

1974 *The Preparation of Archaeological Reports*. 2nd Edition. JohnBaker, London.

Haag, W. G.

1986 Field Methods in Archaeology. In *American Archaeology, Past and Future: A Celebration of the Society for American Archaeology*, edited by D. J. Meltzer, D. D. Fowler and J. A. Sabloff, pp. 63 – 76. Smithsonian Institution Press, Washington.

Haigh, J.

1985 The Harris Matrix as a partially ordered set. *Computer Applications in Archaeology* 13: 81 – 90.

Hall, R.

1984 *The Viking Dig*. Bodley Head, London.

Ham, L. C.

1982 *Seasonality, Shell Midden Layers, and Coast Salish Subsistence Activities at the Crescent Beach Site*. Ph. D. Dissertation. The Universityof British Columbia.

Hammond, P. C.

1963 *Archaeological Techniques for Amateurs*. Van Nostrand, Princeton.

Harris, E. C.

1975 The stratigraphic sequence: a question of time. *World Archaeology* 7: 109 – 121.

1977 Units of archaeological stratification. *Norwegian Archaeological Review* 10: 84 – 94.

1979a *Principles of Archaeological Stratigraphy*. Academic Press, London.

1979b The laws of archaeological stratigraphy. *World Archaeology* 11: 111 – 117.

1983 *Principi di Stratigrafia Archeologica*. Introduction by Daniele Manacorda. Translated by Ada Gabucci. La Nuova Italia Scientifica, Rome.

1984 The Analysis of Multilinear Stratigraphic Sequences. *Scottish Archaeological Review* 3: 127 – 133.

(in press) Stratigraphy is the matrix of archaeology. *PRAXIS. Monografies d'Arqueologia Aplicada* 1.

Harris, E. C. and Brown III, M. R.

(forthcoming) *Practices of Archaeological Stratigraphy*. Academic Press, London.

Harris, E. C. and Ottaway, P. J.

1976 A recording experiment on a rescue site. *Rescue Archaeology* 10: 6 – 7.

Harris, E. C. and Reece, R.

1979 An aid for the study of artefacts from stratified sites. *Archaeologie en Bretagne* 20 – 21: 27 – 34.

Haury, E. W.

1955 Archaeological stratigraphy. In *Geochronology: with Special Reference to Southwestern United States*, edited by T. L. Smiley, pp. 126 – 134. University of Arizona Press, Tucson.

Hawley, F. M.

1937 Reversed stratigraphy. *American Antiquity* 2: 297 – 299.

Heizer, R.

1959 *The Archaeologist at Work*. Harper & Row, New York.

Heizer, R.

1969 *Man's Discovery of His Past*. Peek Publications, Palo Alto, California.

Heizer, R. and Graham, J.

1969 *A Guide to Field Methods in Archaeology*. National Press, Palo Alto, California.

Heizer, R. F., Hester, T. R. and Graves, C.

1980 *Archaeology, a Bibliographical Guide to the Basic Literature*. Garland Publishing, New York.

Hester, J. J. and Grady, J.

1982 *Introduction to Archaeology*. Holt, Rinehart and Winston, New York.

Hirst, S.

1976 *Recording on Excavations I: The Written Record*. Rescue, Hertford.

Hole, F. and Heizer, R. F.

1969 *An Introduction to Prehistoric Archaeology*. 2nd Edition. Holt, Rinehart and Winston, London.

Hope-Taylor, B.

1977 *Yeavering: An Anglo-British Centre of Early Northumbria*. Department of the Environment Archaeological Reports No. 7. HMSO, London.

Hudson, P.

1979 Contributo sulla documentaziones dello scavo: problemi di pubblicazione e della formazione dell'archivo archeologico nell'esperienza inglese. *Archeologia Medievale* 6: 329 – 43.

Hughes, P. J. and Lampert, R. J.

1977 Occupational Disturbance and Types of Archaeological Deposit. *Journal of Archaeological Science* 4: 135 – 140.

Hume, I. N.

1975 *Historical Archaeology*. Norton, New York.

Hurst, J. G.

1969 Medieval Village excavation in England. In *Siedlung und Stadt*, edited by K. H. Otto and J Hermann, pp. 258 – 270. Akademie-Verlag, Berlin.

Hutton, J.

1795 *Theory of the Earth with Proofs and Illustrations*. William Creech, Edinburgh.

International Subcommission on Stratigraphic Classification.

1976 *International Stratigraphic Guide*. John Wiley, London.

Jeffries, J. S.

1977 *Excavation Records*: *Techniques in Use by the Central Excavation Unit. Directorate of Ancient Monuments and Historic Buildings*, Occasional Papers, No. 1. DOE, London.

Jewell. P. A. and Dimbleby, G. W.

1966 The experimental earthwork on Overton Down, Wiltshire, England: the first Four Years. *Proceedings of the Prehistoric Society* 32: 313–42.

Joukowsky, M.

1980 *A Complete Manual of Field Archaeology*. Prentice Hall, Inc., New Jersey.

Kenyon, K. M.

1939 Excavation methods in Palestine. *Palestine Exploration Fund Quarterly* 1939, pp. 29–37.

Kenyon, K. M.

1952 *Beginning in Archaeology*. Phoenix House, London.

1957 *Digging up Jericho*. Ernest Benn, London.

1961 *Beginning in Archaeology*. Revised Edition. Phoenix House, London.

1971 An essay on archaeological techniques: the publication of results from the excavation of a tell. *Harvard Theological Review* 64: 271–9.

Kirkaldy, J. K.

1963 *General Principles in Geology*. 3rd Edition. Hutchinson, London.

Kitts, D. B.

1975 Geological Time. In *Philosophy of Geohistory* 1785–1970, edited by C. C. Albritton, pp. 357–377. Dowden, Hutchinson and Ross, Stroudsburgh, Pennsylvania.

Klindt-Jensen, O.

1975 *A History of Scandinavian Archaeology*. Thames and Hudson, London.

Lambert, F.

1921 Some recent excavations in London. *Archaeologia* 71: 55–112.

Low, G.

1775 Account of a tumulus in Scotland. *Archaeologia* 3: 276 – 277.

Lukis, F. C.

1845 Observations on the Primeval Antiquities of the Channel Islands. *Archaeological Journal* 1: 142 – 151.

Lyell, C.

1865 *Elements of Geology*. 6th Edition. Murray, London.

1874 *The Student's Elements of Geology*. 2nd Edition. Murray, London.

1875 *Principles of Geology*. 12th Edition. Murray, London.

1964 Subdivisions of the tertiary epoch. In *A Source book in Geology*, edited by K. F. Mather and S. L. Mason, pp. 268 – 273. Hafner, London.

Marquardt, W. H.

1978 Advances in Archaeological Seriation. *Advances in Archaeological Method and Theory* 1: 266 – 314.

McBurney, C. B. M.

1967 *The Haua Fteah (Cyrenaica) and the Stone Age of the South-East Mediterranean*. The University Press, Cambridge.

Michels, J. W.

1973 *Dating Methods in Archaeology*. Seminar Press, London.

Montelius, O.

1888 *The Civilisation of Sweden in Heathen Times*. Macmillan, London.

Newlands, D. L. and Breed, C.

1976 *An Introduction to Canadian Archaeology*. McGraw-Hill Ryerson, Toronto.

Paice, P.

(n. d.) *Stratigraphic Analysis of an Egyptian Tell Using a Matrix System*. Ms. Department of Near Eastern Studies, University of Toronto.

Perring, Dominic.

1982 *Manuale di Archeologia Urbana*. Supplement 3, Archeologia Uomo Territorio, Milan.

Petrie, W. M. F.

1904 *Methods and Aims in Archaeology*. Macmillan, London.

Piggot, S.

1959 *Approach to Archaeology*. Harvard University Press, Cambridge.

1965 Archaeological draughtsmanship: principles and practices, part I: principles and retrospect. *Antiquity* 39, 165-76.

Pitt-Rivers, A. H. L. F.

1887-1898 *Excavations in Cranborne Chase*. Printed privately.

Praetzellis, M, Praetzellis, A. and Brown III, M. R.

1980 *Historical Archaeology at the Golden Eagle Site*. Anthropological Studies Center, Sonoma State University.

Pyddoke, E.

1961 *Stratification for the Archaeologist*. Phoenix House, London.

Rathje, W. L. and Schiffer, M. B.

1982 *Archaeology*. Harcourt Brace Jovanovich, Inc., New York.

Robbins, M.

1973 *The Amateur Archaeologist's Handbook*. 2nd Edition. Thomas Y. Crowell Co., New York.

Rothschild, N. A. and Rockman, D.

1982 Method in Urban Archaeology: the Stadt Huys Block. In *Archaeology of Urban America: the Search for Pattern and Process*, edited by R. S. Dickens. Academic Press, New York.

Rowe, J. H.

1970 Stratigraphy and seriation. In *Introductory Readings in Archaeology*, edited by B. M. Fagan, pp. 58-69. Little, Brown & Co., Boston.

Schiffer, M. B.

1987 *Formation Processes of the Archaeological Record*. University of New Mexico Press, Albuquerque.

Schulz, J. K.

1981 *Salvaging the Salvage: Stratigraphic Reconstruction and Assemblage Assessment at the Hotel de France Site, Old Sacramento*. MA Thesis,

University of California at Davis.

Schwarz, G. T.

1967 *Archäologische Feldmethode*. Otto Verlag Thom, Munchen.

Seton-Williams, V. and Taylor, J. du P.

1938 Some Methods of Modern Excavation, pp. 26. Filed at the Institute of Archaeology, London University.

Shackley, M. L.

1978 The behavior of artefacts as sedimentary particles in a fluviatileenvironment. *Archaeometry* 26: 55 – 61.

Sharer, R. J. and Ashmore, W.

1979 *Fundamentals of Archaeology*. Benjamin/Cummings Publishing Company, Inc., Menlo Park, California.

Sherlock, R. L.

1922 *Man as a Geological Agent*. H. F. & G. Witherby, London.

Shrock, R. R.

1948 *Sequence in Layered Rocks: A Study of Features and Structures Useful for Determining Top or Bottom or Order of Succession in Bedded and Tabular Rock Bodies*. McGraw-Hill, London.

Simpson, G. G.

1963 Historical Science. In *The Fabric of Geology*, edited by C. C. Albritton, pp. 24 – 28. Addison-Wesley, London.

Smith, W.

1816 *Strata Identified by Organized Fossils*. Printed privately, London.

Stein, J. K.

1987 Deposits for Archaeologists. Advances in *Archaeological Method and Theory* 11: 337 – 395.

Thomas, H. L. and Ehrich, R. W.

1969 Some problems in chronology. *World Archaeology* 1: 143 – 56.

Thompson, M. W.

1977 *General Pitt-Rivers: Evolution and Archaeology in the Nineteenth Century*. Moonraker Press, Bradford-on-Avon.

Tomkeieff, S. I.

1962 Unconformity—an historical study. *Proceedings of the Geologists' Association* 73: 383 – 417.

Toulmin and Goodfield, J.

1965 *The Discovery of Time*. Harper and Row, New York.

Trefethen, J. M.

1949 *Geology for Engineers*. D. Van Nostrand, London.

Triggs, J. R.

1987 Stratigraphic Analysis: an approach to the Assessment of Manufacture-Deposition Lag at Fort Frontenac, Kingston, Ontario. Paper presented at the 1987 meeting of the Society for Historical Archaeology, Savannah, Georgia.

Webster, G.

1974 *Practical Archaeology*. 2nd edition. John Baker, London.

Wheeler, R. E. M.

1922 The Secontium Excavations, 1922. *Archaeologia Cambrensis* 77: 258 – 326.

1937 The Excavation of Maiden Castle, Dorset. Third Interim Report. *Antiquaries Journal* 17: 261 – 82.

1943 Maiden Castle, Dorset. *Report Res. Comm. Soc. Antiq. London*, 12. The University Press, Oxford.

1954 *Archaeology from the Earth*. The University Press, Oxford.

1955 *Still Digging*. Michael Joseph, London.

White, G. W. ed.

1968 *Nicolaus Steno (1631 – 1686) The Prodomus of Nicolaus Steno's Dissertation Concerning a Solid Body Enclosed by Process of Nature Within a Solid*. Contributions to the History of Geology, Vol. 4. Hafner, New York.

White, J. R. and Kardulias, P. N.

1985 The Dynamics of Razing: Lessons from the Barnhisel House. *Historical Archaeology* 19: 65 – 75.

Wigen, R. J. and Stucki, B. R.

1988 Taphonomy and stratigraphy in the interpretation of economic patterns at the Hoko River rockshelter. In *Research in Economic Anthropology, Supplement 3. Prehistoric Economies of the Pacific Northwest Coast*, edited by B. L. Isaac, pp. 87 – 146. JAI Press, Greenwich, Conn.

Willet, H. E.

1880 On flint workings at Cissbury, Sussex. *Archaeologia* 45: 336 – 48.

Willey, G. R. and Phillips, P.

1958 *Method and Theory in American Archaeology*. The University Press, Chicago.

Willey, G. R. and Sabloff, J. A.

1975 *A History of American Archaeology*. W. H. Freeman, San Francisco.

Wood, W. E. and Johnson, D. L.

1978 A Survey of Disturbance Processes in Archaeological Site Formation. *Advances in Archaeological Method and Theory* 1: 315 – 81.

Woodford, A. O.

1965 *Historical Geology*. W. H. Freeman, London.

Woodruff, C. H.

1877 An Account of Discoveries made in Celtic Tumuli near Dover, Kent. *Archaeologia* 45: 53 – 6.

Woolley, L.

1961 *The Young Archaeologist*. The University Press, Edinburgh.

Worsaae, J. J. A.

1849 *The primeval Antiquities of Denmark*. Translated by W. J. Thomas. John Henry Parker, London.

译 后 记

我最早接触到《考古地层学原理》这本书是在2010年给考古专业本科生讲授专业英语课程时，我于第一时间联系了作者哈里斯博士，并计划将原著翻译成中文出版。哈里斯博士非常高兴，并欣然授权，还给我寄来两本签名的原版书，并把书中所有插图的原矢量图发给我，除少数照片格式的插图外，其余图中的文字均可以翻译，这样既能保证读者阅读的顺畅，又能保证中文版的出版质量。原著十年前就被翻译成欧洲多国语言出版，包括意大利语、波兰语、斯洛文尼亚语、西班牙语、德语、法语、捷克语、匈牙利语等，后来还有日语版和朝鲜语版出版。其间我和哈里斯博士一直保持联系，他非常期待本著的中文版早日问世。

万分惭愧，一晃十年过去了。或许应了"翻译是一件费力不讨好的活计"这句话，再加上其他工作和琐事的干扰，翻译工作进展缓慢。近几年，国内有些学者将原著的部分章节翻译并发表，近两年更有多位译者与哈里斯博士联系希望获得原著中文版的授权，在大家的"追赶"下，这个被严重拖延症耽搁的译著终于完成了。在此，我向哈里斯博士表达歉意，并对自己曾经承诺数次的"'明年''下半年'一定完成中文版"感到抱歉；同时衷心感谢哈里斯博士的信任和宽容，也感谢几年来在我身边的硕士研究生们对翻译工作的协助，尤其感谢黄绸和何洪同学，帮我核校和处理图片中的错漏。这本书是考古地层学的工具书，对重视田野考古的中国学者而言非常重要。和哈里斯博士的心愿一样，我也真诚希望本著能为中国考古学者所用。

《考古地层学原理》这本书专业性非常强，要更好地理解并领会书中的核心观点、掌握"哈里斯矩阵"考古地层记录方法，需要丰富的田野考古实践经验。我近些年从事田野考古工作有限，甚至有

"纸上谈兵"之嫌，译著中的错漏在所难免，还望各位读者海涵。哈里斯矩阵在提高和完善田野考古记录系统中具有划时代的重要意义，因此，自 1973 年发明以来逐渐得到全球范围田野考古工作的普遍认同。国内考古学同仁对"哈里斯矩阵"并不陌生。2009 年国家文物局颁布新的《田野考古工作规程》，要求用"系统图"记录考古地层关系，即"用图形的形式表达堆积单位之间、堆积单位与遗迹单位之间以及遗迹单位之间的层位关系"。这一"系统图"就是"中国版的哈里斯矩阵"——北京大学赵辉教授认为"'系统图'就是结合我国田野考古的实践对哈里斯矩阵的修订和完善。'系统图'的基本思想与哈里斯矩阵相同……"。近十年间，国内学者对哈里斯矩阵的解读和运用从未间断[①]，读者也可以参照国内学者的上述研究实践辅助阅读本书。

书中图片众多，共有 68 幅，绝大多数是矢量图；另有少数图片是照片格式，照片本身清晰度有限，另有少量是由原著作者直接引用的非英语说明照片，因能力有限，恕我不能完全译出。另外，有些术语原著的表述并不十分严谨，出于对原著的尊重，译著中并未改动，采取照译的方式。对原著中不懂的术语或费解的表述，我均通过微信或邮件方式及时联系哈里斯博士咨询和请教。即便如此，书中仍免不了存在拗口和生涩的表达，欢迎读者不吝赐教。

需要特别说明的是，本书的核心章节是第六章"堆积单位"、第七章"界面单位"和第八章"考古剖面图"。在"堆积单位"中，作者强调"地层的初步研究、记录和解释均无须考虑各种地层和遗迹单位的历史意义。考古地层学原理必须考虑地层的非历史属性，因为这些才是普遍适用的"（参见译著第 48 页）。所谓的"非历史性（Non-historical）"是指地层堆积的形成过程，作者认为地层的堆积过程是重复出现、有规律可循的，而其形成的历史时期（形成时间）是无规律可言的。因此作者认为："一个遗址的特定年代并不影响地

[①] 参见汤惠生：《哈里斯矩阵：考古地层学理论的新进展》，《考古》2013 年第 3 期；赵辉、张海、秦岭：《田野考古"系统图"与记录系统》，《江汉考古》2014 年第 2 期；霍东峰：《田野考古发掘记录中的"系统图"》，《考古》2018 年第 1 期。

层解释。一位能干的考古地层学学生对任何历史时期的遗址都会游刃有余。"文中多次提及"非历史性"这一术语,指的是地层的堆积过程;相对的,"历史性"是就地层的堆积时间而言的。

哈里斯矩阵的最大优势在于记录信息量大幅增加,能够极大地提高田野考古工作地层记录的系统性、规范性和科学性。希望国内考古学者能去其糟粕、取其精华,以促进我国田野考古工作水平跨上新的台阶;同时,希望国内学者能通过本译著充分掌握"哈里斯矩阵"记录法,从而有效促进田野考古"系络图"在全国范围内的推广和实践。

2020 年 3 月
于中山大学马丁堂